帯金充利

天上の歌

岡潔の生涯

新泉社

天上の歌　岡潔の生涯

はじめに

岡先生が世界に誇るべき大数学者であることは言うまでもない。ただ、その業績や生涯が正しく伝えられてきたかというと、首をかしげざるを得ない。岡潔というと一風変わった数学者というのが一般の人たちのイメージではないだろうか。そして、その多くの著書があるにもかかわらず、その奇行ばかりが取り沙汰されて、正確な岡潔像から遠ざかっているように思う。

そのような岡潔像ができあがった原因はいろいろ考えられる。まず、その数学上の業績を一般の人間にわかるように説明することがほとんど不可能であるということ（それは数学という学問の持つ特殊性のためである）、また岡先生自身が書いたり語ったりしたものが難しいということ、そして、何と言っても今まで岡潔伝が書かれなかったことがその最大の原因と言っていいだろう。

岡先生はその著書の中で、

「一人の数学者の仕事を客観的に評価しようとすれば、少なくとも、その人の死後五十年はたたなければ無理だろう」

と言っている。その言葉に従えば、まだ伝記が書かれるのは早いということになるのかもしれない。しかし、かつてあれほど多くの人たちに読まれた『春宵十話』をはじめとする数々の著書はことごとく絶版となっており、書店でその姿を見ることはできない。ひょっとすると時間の流れる速さが先生の生きておられた頃にくらべて速くなっているのかもしれない。とすると、我々はそろそろ岡潔伝を持つべきではないだろうか。それが、私がこの本を書こうと思った理由である。

なお、題名の『天上の歌』であるが、かつて『数学セミナー』に掲載された千葉大学教授・志賀弘典氏の「天上の歌を聴いた日」からとらせていただいた。岡先生は、

「私は童心の時期に立ち帰って研究している」

と言っている。そして、

「人はその童心の時期天上に住んでいるのである」

とも。つまり、岡先生の生涯、数学、書き残したもの、語ったことなど、そのすべてが「天上の歌」なのである。

もちろん、その「天上の歌」のすべてを紹介することはとても私のような非力な者にできるはずがないが、それらの中の一つでも二つでも読者に伝えることができれば、私がこの本を書いた目的は達成されたことになるのである。

装幀――堀渕伸治◎tee graphics

目次

天上の歌

岡潔の生涯

第一章

情緒の教育

父の教育

岡潔は一九〇一（明治三十四）年四月一九日に、大阪市東区島町（現在の大阪市中央区島町）で坂本寛治《ひろはる》、八重《やえ》の長男として生まれた。

当時の日本は、明治政府の掲げる「富国強兵」の道をひた走っていた。「富国」の面においては各所で産業革命が起こって工業化が急速に進んでいたし、「強兵」の面では日清戦争で大勝利を収め、一躍アジアの大国にのし上がっていたのである。そして、潔の生まれた明治三十四年頃はロシアとの対立が深まり始めており、日露の間でいつ戦争が始まるかわからないというので、世相はひきしまっていた。

岡家の郷里は和歌山県伊都《いと》郡紀見村大字柱本小字紀見峠（現在の橋本市柱本）であるが、潔の父・寛治は予備役陸軍少尉であり、日露戦争を控えて応召し、大阪の歩兵第四師団に勤務していた。潔が大阪で生まれたのはそういう事情だったのである。

ちなみに、岡家は潔の曾祖父の代まで庄屋をしており、宿屋も営む名家であった。そして祖父・文一郎も、（もうその頃は庄屋ではなくなっていたが）和歌山県議会議員や伊都郡郡長をつとめ、私財をなげうって隣の大字との間にトンネルを掘って道をつけるという事業をやって頌徳碑を立てられるような人物であった。ただ、そのために財産をほとんど使い果たしてしまい、跡継ぎでない次男や三男は養子に出されることになったようである。三男であった寛治が行った先は坂本という家であった。だから、潔は生まれた時「坂本」という姓だったのである。

寛治は潔にかなり思いを託していた。学問を身につけ、ゆくゆくは工科に進んで「富国」の最先端を担うような人間になる、あるいは学者になる。それが、寛治の夢だったのである。寛治はその夢を実現させるための第一歩として潔の生まれた日をごまかした。本当は四月十九日に生まれたのに、三月十九日と届けたのである。もちろん、一年早く学校に上げるためである。現在では生まれてから二週間以内に出生届けを出さなければならないからこのようなごまかしはできないのだが、この当時は融通が利いたのだろう。余談になるが、潔の祖母・つるのが岡家に嫁いできた時、あまりにも若すぎるというので実際の年齢に四歳も上乗せして届けたというから、当時の役所は自己申告を尊重してくれたのかもしれない。

寛治が潔の学問のためにしたことはそれだけではなかった。それは潔が少し長じてからのことであるが、寛治は潔に金銭の勘定は一切させなかった。金銭感覚が身につくと学問の邪魔になると考えたからである。

このことについては潔も寛治の方針に感謝の言葉を述べている。

私は経済的な条件はちっとも苦にならないが、これは全く父のおかげで、学問をするのに非常に役に立っている。学者が本当にほしいのは経済的な優遇ではなくて心の自由であり、経済的な条件が気になるようならそれだけ気も散るし、心の自由もそこなわれるわけだ。経済的条件をよりよくするためのアルバイトなどをしないですんだのは父のおかげである。(『春宵十話』より)

学問のことからは離れて、寛治が潔にどのような人間になってほしいと思っていたかは、その「潔」という名前にはっきり表われている。この名前は、

「日本人が桜が好きなのは、その散り際が潔いからだ」

という寛治がいつも口にしていた言葉に由来しているのである。戦地に赴く直前だっただけに寛治のそういう思いは強かったに違いないが、寛治の教えは実に徹底したものであった。

また、本来ならば赤ん坊は母親と一緒に寝るのが普通だろうが、大阪の岡家においては、潔を寝かしつけたのは寛治であった。これは、出征が近い寛治が少しでも潔と一緒にいられるようにという八重の配慮であったと思われる。寛治は、

「ああ正成《まさしげ》よ正成よ」

「そもそも熊谷直実《くまがいなおざね》は」

「坊やの父さんどこえった、国のことをば苦に病んで監獄所へとおいきやった」

「四百余州を挙《こ》ぞる、十万余騎の敵、国難ここに見る、弘安四年夏の頃」

などの歌を歌いながら寝かしつけた。当然、歌ばかりでなく、これらの人物たちがいかに潔かったかが語られたことだろう。実際、潔は北畠顕家や楠正行の率いる若人たちの死を恐れない疾風の進軍についての話をいつまでも覚えていたし、それがパッと咲いた花吹雪を見るように美しく思えたのであった。その印象は強烈で、後年、

> 今でも、小学校で習った唱歌「吉野を出でて打ち向う、飯盛山の松風に…」を口ずさむと、そのときの感激がピリピリッと背骨を走る。（『春風夏雨』より）

と書いているほどなのである。

このころ潔は、昼間は寛治の従卒（少尉以上の将校の身の回りの世話をする部下）に連れられて大阪城の馬場に行き、来る日も来る日も騎兵の馬駆けを見ていたという。そんな、昼間見た情景が夜の寛治の話や軍歌と相俟って、背骨を「ピリピリッ」と言わせるような感

左／潔に情操教育を施した父・寛治。
右／母・八重は潔に無条件の愛を注いだ。
抱かれているのが潔である。

激を潔に与えたのに違いない。

そんな寛治にくらべると、母・八重はあまり表面に出てこない。昼間大阪城に連れて行ってくれたのは従卒であったし、夜寝かしつけてくれたのは寛治であったからだ。しかし、八重が潔に無条件でひたむきな愛をそそいだことは十分に想像できる。

この、一見なんでもないことのように思える母の子に対する愛情（それを潔自身も「ふっうの」と言っている）がどれだけ大切なものであるかは、それを欠いたことがトラウマとなって歪んだ人生を送らなければならなかった人がどれだけいるかを見れば明らかであろう。

そう考えると、寛治と八重の組み合わせというのは、潔にとって理想的な両親であったと言えるのではないだろうか。潔はそんな両親のもとで何不自由なく（食糧、金銭といった面だけでなく、精神的な面においても）育ったのである。

祖父の教え

そんな潔に変化が起こったのは三歳になった時であった。いよいよ日露戦争が始まり、寛治が出征したのである。これをきっかけに八重と潔は郷里の紀見峠に身を寄せることになり、潔の教育は祖父・文一郎にゆだねられることになった。

文一郎の教えはただ一つ、

「他人《ひと》を先にして、自分をあとにせよ」
であった。これは、前述したように私財をなげうって村のために尽くした文一郎の言葉だけに、幼い潔の胸にも非常な説得力を持って響いたことだろう。そして文一郎は、この唯一の戒律を潔がきちんと守っているかどうか、遠くから見守ったのであった。戒律というのは自ら進んで守らなければ意味がない。だから「遠くから見守る」ということが非常に大切だったのである。

そして潔もその教えを徹底的に守り抜いたようである。潔は一時期、八重の自分に対する無条件でひたむきな愛情を利己的な愛情であると言って非難したことがあったというが、それは、母親がわが子を愛するのも「他人《ひと》を先にする」ことに反していると潔が思ってしまったからであった。つまり、文一郎の教えはそれほど徹底していたのである。

変化があったのは教えの面だけではなかった。生活する環境が一変したのである。大阪の町中から紀見峠という田舎に移ったのだからその変化は大きかったに違いない。そして、それは潔の情緒を育てるのには大きなプラスになった変化であった。

紀見峠の家は峠の上に建つ家で、家のすぐ裏には潔たちが「みかん山」と呼んでいた山(かつてはみかんを作っていたが、その頃にはもう実はならず、木だけが植わっていたようだ)があり、近くには深い林や池などがあった。潔はそういう自然の中でのびのびと遊んだ。もちろん近所の子供たちともすぐに仲良くなり、一緒に野山をかけまわって遊んだのである。時にはけんかもしたようで、長いひものついた袋に石を入れたものを振り回したり、帯革の金具のついた方を先にして振り回したりしたというから、相当暴れん坊だったと言っていいだろう。もちろん、乱暴なことばかりやっていたわけではなく、蝶や蝉を追いかけたり、川や池で魚をとったり、竹馬を作ったりというようなその頃の子供がやったような遊びは一通りやったのである。

それ以外にも潔が熱中した遊びがあった。それは箱庭作りである。これはよそに出て行ってするのではなく、潔の家の庭でやった。潔の家は峠の上にあったため、井戸を掘ってもなかなか水が出ず、ひと山向こうの林から引いてきていた。その筧《かけい》から水が漏れているようなところもあり、箱庭を作るには格好の条件がそろっていたのである。

潔の作った箱庭は我々がイメージするものよりもだいぶ大規模なもので、山に生えている小さな木などを抜いてきて植えていたようだ。それで、他の遊びで山に行ったような時にもいい枝ぶりの木があるとそれを覚えておいて、この木はあそこに植えようなどと頭の中で箱庭の構想を練ったのであった。これが将来の数学の研究（つまり心の中に数学的自然の世界を作り上げていくということ）につながる創造力の芽生えであった。

また、祖母・つるのの後についていろんな花を見たり、つるのが花の世話をするのを眺めたりすることもあった。つるのは家の庭で多くの花を作っていた。菊、朝顔、ダリアなど四季折々の花が一年中絶えることなく咲いていたのである。後に潔の書く文章には色彩的な表現が多く見られるが、その色彩感覚はこの頃芽生え、その後出会う『幼年画報』、『日本少年』などの雑誌によって次第に形作られていくのである。

弟橘媛命と菟道稚郎子

八重と潔が紀見峠に移って一年半後の一九〇五（明治三十八）年十二月、戦地に行っていた寛治が帰ってきた。これは九月五日にポーツマス講和条約が成立して日露戦争が終結したためである。もっとも潔は、

「鴨緑江《おうりょっこう》まで行って、赤痢に罹ったためである」

と言っているから、戦争が終わってもまだ駐留していなければならなかったのだけれども、病気になってしまったので他の人たちよりも先に帰ってきた、ということだったのかもしれない。

いずれにしても、寛治の帰還により、潔は父と祖父の両方から教育されることになったのであった。とは言ってもすでに述べたように、文一郎は「他人《ひと》を先にして、自分をあとにせよ」という教えを遠くから見守っていたわけだから、実質的には寛治が帰ってきたこ

とによって「潔い散り方」についての教育が再開されたのである。後に潔は寛治の教えを「情操教育」、文一郎の教えを「道義教育」と言っているが、潔にとってこの二つは車の両輪のようなものだった。

この二つの教えが合わさった結果、幼い潔の胸の中に、弟橘媛命《おとたちばなひめのみこと》や菟道稚郎子《うじのわきいらつこ》といった、人のために自分の命を惜しげもなく捨てた人たちを是認し、尊崇する気持ちが芽生え、定着していった。

余談になるかもしれないが、この二人がどんな人物だったのか、簡単に紹介しておこう。まず、弟橘媛命は日本武尊の妃である。ある時日本武尊は蝦夷征伐に出かけたが、その途中、今の相模湾を船で渡っていた。ところが、海が急に荒れ始め、このままでは船は沈没、一行は全滅してしまうという状況になった。当時は、海が荒れるのは海の底に住む龍神が怒っているせいだと言われていた。そして、その怒りを鎮めるためには犠牲が必要なのだ、と。その時、弟橘媛命はその怒りを鎮めるために、何の迷いも躊躇もなく荒海に身を投げたのである。すると、その途端に海は静かになり、一行は無事に航海を続けることができたのであった。

次に稚郎子であるが、この人は応神天皇の末の皇子で宇治に住んでいた。応神天皇が急死して、人々は天皇がかねがね稚郎子のように聖賢の道を説いた学問のよくできる子に跡を継がせたいと思っていたことを知っていたので、さっそく宇治に行った（稚郎子はそれだけ徳があったのである）。しかし稚郎子は、長男（後の仁徳天皇）こそが跡を継ぐべきだと言って固辞した。そこで人々は長男の住む大阪に行った。しかし長男もまた、末弟こそ跡を継ぐにふさわしいと言って固辞した。こうして人々は宇治と大阪を行ったり来たりすることになった。稚郎子はそれを知って、こんなことをいつまでも続けていると国が乱れるもとともなると思った。そして、自分さえいなくなれば事は解決すると言って何の迷いもなく自分の命を断ってしまったのであった。

後に潔は、ジイドの言う「無償の代償」という言葉を取り上げ、日本の善行というのは無償かどうかということすら考えない行為のことを言うのだ、というようなことを言っているが、弟橘媛命や稚郎子がそのモデルになっていることは明らかである。そして潔がそういう考えを持つようになったのは寛治と文一郎の教育の賜だったのである。

そんな二人の教育を側面から助けた者がいた。それは潔の伯母と叔父であった。まず伯母（寛治の兄嫁）であるが、彼女は婦人雑誌をとっており、ある年の正月号の付録に双六がついてきたことがあった。それは、当時日本を代表すると言われていた女性たちが美しい色彩で描かれたもので、上がりが「かぐや姫」、ひとつ前が「中将姫」、その前が「弟橘媛命」というものであった（他にも松浦佐用姫や、松山鏡、珠取りなどに登場する女性たちが入っていたようだ)。潔は伯母がこの双六をやっているのをたまたま見たのだろう。興味を示した潔に、伯母は双六に登場している女性たちについての話を一人ひとりていねいに説明してくれたのであった。ところが、そこでは弟橘媛命よりも上に二人もランクされており、そのことが潔には大いに不満であった。どう考えても弟橘媛命が他の女性たちに比べて格段に立派だと思ったからである。このことは、寛治と文一郎の教育がそれほど徹底していたことの証明でもあろう。

次に叔父(八重の弟)であるが、叔父本人が言うには潔に考えるということを教えてくれたようだ。これについてどんな具体的な出来事があったかは不明であるが、叔父は潔に、

「お前の特徴は、非常によく考えるという点だが、その考えるという癖は、実はわしがお前に仕込んでやったのだ」

と言っていたようなのである。それに対して潔は、次のように言っている。

本当にそうなのか、それとも叔父がそう思っているだけなのかは判断しにくいが、叔父のいうとおりだとすれば、私の固有の能力とされているものも叔父によって啓発されたものといわねばならないことになる。(『春宵十話』より)

この文章からは、潔自身は叔父の言葉をあまり信用していないようなニュアンスがうかがえるが、ともかくこうして潔は両親を初めとする多くの人たちから大切なことを教わりながら幼年時代を過ごしたのであった。そして、それはそのまま小学校時代に継続していくのである。

転校

一九〇七（明治四十）年四月、潔は柱本尋常小学校に入学した。ここは田舎の小さな学校で、一年生と二年生が同じ教室で同じ先生に一緒に教わる、といういわゆる複式学級だった。その一年生時代の学習について、潔は何ら困難を感じることはなかった。それどころか、算術などについては、

「二年生のものまでまことにたやすく、ばからしくさえ思った」

というほどであった。それは、親戚の中に中学校に行っていた者が多く、そういう者たちと関わっているうちに自然に聞き覚えたことが役に立ったのである。

例えば算術に関してはこんなことがあった。潔が六歳の時、ある親戚の中学生と同じ部屋で寝たことがあった。その時、その中学生は夏休みの宿題か何かで開立の九九を繰り返し繰り返し唱えていた。潔はそれを子守歌にして眠ったのだったが、翌朝には完璧にそれ

を覚えてしまっていた。そして、それ以後死ぬまで忘れることがなかった（ちなみにその頃の潔は、算術に関しては漢字の「九」という字を一字知っていただけだった）という。ここで言う「開立」というのは立方根（三乗するとその数になるもとの数のこと。例えば8の立方根というのは三乗すると8になるような数、つまり2のことである）を求めることで、その九九というのは、「二二が八、三三が二十七、……」となる。これは現在では教えられていないが、当時の中学生は覚えさせられたようだ。

またある時は、「ダ」のつく言葉をあげよという先生の質問に対して、潔は「ダイヤ」とか「ダイナマイト」などの言葉を答え、何も知らずにポカンとしている生徒たちに先生が、それは宝石の名前だとか、それは爆薬の名前だなどと説明したということもあった。

このように、この頃の潔はその内容についてはともかく、いろんなことを聞き覚えていたため、学校に行ってもなんら臆することがなかったのであった。なお、後に潔はこのくらいの年齢の時（五〜八歳の頃）に、その内容が理解できようができまいが、いろんなものを覚えさせると良いという寺子屋風の教育を提唱するが、それはこの頃の自分の経験に基づいているのである。

しかし、潔の関心は勉強にはなかった。すでに述べたように、野山をかけめぐったり、けんかをしたり、箱庭を作ったりして遊ぶ毎日であった。

また、この頃とってもらっていた『幼年画報』という雑誌も夢中で読んでいた。その中で特に後のちまで印象に残っているのはその表紙絵であった。

紫苑の花とか、葉鶏頭とかが描かれてあって、きれいだなあ、と思いました。で、そののちのわたしの見る葉鶏頭は、たえずこの表紙絵の葉鶏頭の現われなのです。紫苑の花は、この紫苑の花の現われなのです。(『風蘭』より)

潔は非常に感受性の強い人間であったが、その感受性はもうこの頃から備わっていたのであった。

ところがここに、潔にとって大きな変化が訪れた。それは大阪への転居という「事件」であった。寛治は戦争から帰ってきて実家に身を寄せていたのだが、早く生活の基盤を確立させて潔を学者に育て上げる準備をする必要があると考え、保険の外交を始めるために大阪市北区壺屋町に転居したのである。それに伴って潔は北区の菅南《かんなん》尋常小学校に転校したのであった。一九〇八(明治四十一)年、二年生の二学期からのことであった。

この転校は、潔にとってかなりショッキングな出来事であった。まず言葉である。和歌山と大阪は同じ近畿地方の隣りあった県であるが、田舎と都会という違いもあったし、現在のようにテレビが普及している時代でもなかったから、言葉の違いは非常に重大な問題であった。これには潔もかなり苦しんだようだ。

転校した子供にとって言葉の問題が大きいということは寛治も考えていた。それで寛治は、和歌山の方言で恥をかくことがないようにと標準語を潔に教えたのであった（寛治は若い頃東京で勉強していたことがあり、それで標準語を知っていたのである）。ところが、それがかえって逆効果を生んでしまった。潔はさっそく「江戸っ子」というあだ名をつけられてしまったのである。この「江戸っ子」というあだ名はひどく潔の癇にさわったようで、潔はそれを言われるたびに相手につっかかっていった。当然、一対多になるのでかなわない。しかし潔は負けていなかった。紀見峠でもやっていたように帯革を逆手に持ち、金属の方を先にして振り回して対抗したのであった。

この言葉の問題は、転校して一年ほどたっても慣れなかったようである。翌年の夏休みを丸々紀見峠の家で過ごした潔は、二学期になって大阪に帰っても、しばらく学校で使っていた標準語のアクセントを思い出せずに困ってしまったというのである。

どうしても肯定することばの「そうお」のアクセントが思い出せず、仕方がないからしばらくは「うそお」といって否定ばかりしていた。もちろんその間に心の中で必死に肯定詞を学習練習していたのだが、随分変な会話だった。(『春宵十話』より)

次に困ったのは授業中のことであった。柱本小ではそんなことはなかったが、この菅南小の生徒たちは先生が何かの質問をするとみんないっせいに手を上げるのだ。どうも手を上げるのは早ければ早いほど良いらしい。それでみんなは質問されるや否や手を上げていたのである。ところが、手を上げた者がみんなその質問に対する答えができていたのかというとそんなことはなかった。だいたいは、先生に指名されて立ち上がる(それも、かなりゆっくり)間に考えるというやり方だったのである。これには、自分で答えが出てから手を上げるという主義の潔は圧倒されてしまって、しばらくの間手を上げることなどできなかった。柱本小ではなんら臆することがなかった潔もたじたじであったというわけだ。

ただ、潔が戸惑ったのはあくまでも同級生たちの言動に対してであって、授業そのものについては悪い印象を持っているわけではない。むしろ、

「算術も歯切れのよい、小気味のよいもので、しちめんどうくさい、いじいじしたことは一切なかった」

と言っているほどである。

しかし、住む場所も違う、言葉も違う、学校の雰囲気も違う、というのは幼い潔にとって相当のストレスであったことは間違いない。それを慰めてくれたのが、『幼年画報』、『日本少年』といった雑誌だったのではなかったかと思う。

魔法の森

三年生になって言葉にも学校にも慣れた潔であったが、授業の時、わかってからでないと手を上げないという習慣は変えられなかった。そのため、成績はクラスで三、四番より上にはいかなかったようである（最も成績の良い「甲上」がついてきたのは算術、読方、綴方などの二、三科目に限られていた）。

そんなこともあってか、潔は『日本少年』に熱中した。そして、その内容もさることながら、新しい『日本少年』を待つ気持ちというのが非常に大切なことなのであった。それは、こんな具合であった。

『日本少年』が来るのが、実に待ち遠しかった。もう売り出されるまえ、一週間ぐらいまえからは、たえず来ていないかと、いつもの本屋をたずねる。

「来ています」と渡されたとき、どんなにうれしかったでしょう。

家に帰りながら封を切ろうか切るまいかと、実にあけてみたいのです。見たいのだけれど、見てしまったらもうわかってしまうから、おもちかなにか、おいしいものを食べてしまったときのような気持ちになるから、知らないものを見るという楽しみがなくなるのが惜しいのです。

それでためらうのですが、ついには、封はたいてい切ってしまいました。きれいな表紙を見ると、つぎには続きものが見たくなるのです。しかし、これは読んでしまったらそれっきりになる。続きものは読むまえに、「ああなっているか、こうなっているだろうか」といろいろ想像してみるのです。

それがたとえようもなく楽しみなのでした。（『風蘭』より）

現在の、本も雑誌も、あるいはテレビ、ラジオ、CDなども自由になる時代に、一冊の雑誌をこんなにもわくわくしながら待っている小学生がいるだろうか。潔は、その内容よりも、こういうわくわくする気持ちの方が大切なのだと言っているが、これは小学生だけでなく、大人も耳を傾けなければならない言葉ではないかと思う。

さて、『日本少年』には毎号いろんな物語が掲載されており、潔はそれを読むのが楽しみだったわけだが、それ以外に、この三年生の頃読んだ物語でその後ずっと潔が忘れなかったものがあった。それは、『お伽花籠』というおとぎ話集の中に入っていた「魔法の森」という物語である。潔はこの物語から「なつかしさ」という情緒を教えられたと言っている。そして、

「その気持ちがなければ、人の人たるゆえんのもの、つまり理想を描くことはできない」と言っているのである。

そういう意味でも「魔法の森」は重要な作品であると言えよう。話そのものもなかなか面白いので、そのストーリーを紹介してみよう（ただし、潔の記憶によるものである）。

森のこなたに小さな村があって、姉と弟が住んでいた。父はすでになく、たった一人の母もいま息を引きとった。おとむらいがすむと、だれもかまってくれない。姉弟は仕方なく、森を越えると別のよい村があるかも知れないと思ってどんどん入っていった。これこそ人も恐れる魔法の森であることも知らずに。

ところが、行けども行けどもはてしがない。そのうち木がまばらになって、ヤマイチゴのいちめんに実をつけている所へ出た。もうだいぶおなかのすいていた姉弟は喜んでそれをつんだ。ところが、この天然のイチゴの畑に一本の細い木があって、その枝にきれいな鳥がとまっていた。姉弟がイチゴを食べようとするのを見て「一つイチゴは一年

わーすれる、一つイチゴは一年わーすれる」とよく澄んだ声で鳴いた。姉はそれを聞いてイチゴを捨て、食べようとしている弟を急いで引きとめた。しかし弟はどうしても聞かないで、大きな実を十三も食べてしまった。それで元気になった弟は、森ももうすぐ終わりになるだろう、ぼくがひと走り行って見てくるから姉さんはここで待っていてほしいというや否や走り出して、そのまま姿が見えなくなってしまった。

いくら待っても帰って来ない。そのうちに日はだんだん暮れてくる。この森の中で一晩明かすと魔法にかけられて木にされてしまうので、小鳥も心配して、さっきからしきりに「こっちこい、こっちこい、こっち、こっち」と鳴き続けているのだが、姉は、「いえ、ここにいないと、弟が帰って来たとき、私がわからないから」といって、どうしてもその親切な澄んだ声の忠告に従わない。

一方、弟の方は、間もなく森を抜ける。出たところは豊かな村で、そこの名主にちょうど子がなく、さっそく引き取られて大切に育てられた。ところがそれから八年過ぎ、だんだん十三という年の数に近づくにつれて、何だかこころが落ち着かなくなっていった。何か大切なものを忘れているような気がして、どうしてもじっとしていられず、とうとう十一年目に意を決して義父母にわけを話し、しばらく暇を乞うて旅に出た。

それからどこをどう旅したろう。ある日ふと森を見つけ、何だか来たことのあるような所だと思ってしばらく行くと、イチゴ畑に出た。この時がちょうど十三年目に当たっていたため、いっぺんにすべてを思い出し、姉が待っていたはずだと気がついて急いで探す。すると、あのとき姉の立っていた所に一本の弱々しい木が生えている。弟は、これが姉の変わり果てた姿と悟って、その木につかまって思わずはらはらと涙を落とした。

ところが、そうするとふしぎに魔法がとけた。姉は元の姿に戻り、姉弟は手を取り合ってうれし泣きに泣く。小鳥がまた飛んで来て「こっち、こっち」と澄んだ声でうれしそうに鳴く。こんどは二人ともいそいそとその後についていって森を出る。義父母も夢かと喜び、その家で姉弟幸福に暮らす。

この話の中で弟が、十三年目が近づくにつれて「何だか大切なものを忘れているような気がして…」というのが、「なつかしさ」という情緒だと潔は言うのである。

習々好風吹衣軽

四年生の三学期に、潔の一家は大阪から芦屋市打出の海岸に居を移した。これは、外交に出た寛治が外から大阪の空を見るといかにも汚く、これでは子供たちの健康によくないだろう、と考えて思い切って町中から田舎に引っ越したのであった。ただ、潔は転校はせず、阪神電車で通学した。

五年生になり、潔の学業成績が急に良くなった。それは歴史、地理、理科などの新しい科目が増えたこともあって筆記試験が行なわれるようになり、それまでの、手を早く上げるのが良いという方式から一変したためであった。早く手を上げなければならない、というストレスから解放された潔は、それまでの「甲上」が二つか三つ、という状態から一気に六つも七つもに増え、一躍クラスのトップに躍り出た。そして、ここにきて初めてのびのびと学校に通うことができるようになったのである。

成績が上がったせいか、あるいはそのことによって潔の心にゆとりが生まれたためか、潔はいろんな先生からかわいがられるようになった。特に、担任の藤岡英信と唱歌の女の先生には格別にかわいがられたようだ。

藤岡は授業以外にも絵をかいてくれたり、飛行機の模型を作ってくれたりして、潔も阪神電車沿線の写生をして回ったり、飛行機の模型作りに熱中した。潔はこの頃の自分の生活ぶりを、

「習々好風吹衣軽（陸游）」

とたとえている。よほど毎日が楽しかったのだろう。

また唱歌の先生については日頃どのようにかわいがってくれたのかはわからないが、あ

大正元年６月頃、祖父・文一郎、祖母・つるの、妹・泰子と。
明治天皇御大葬のため喪章をしている。

る時潔は他の同級生たちのあとについていたずらをして、その先生に泣かれてしまったことがあった（もうこの頃には同級生たちの中に溶け込んでいたのである）。その時、

「坂本、お前もですか」

と言って涙をたたえていた先生の目を潔は生涯忘れず、

「申しわけないことをした」

と悔やんでいたようである。

このように学校の中で良い評価を受けるようになった潔であったが、しかしガリ勉になるようなことはなかった。むしろ、成績が良くなったことで安心して自分の世界のことに集中できるようになったのである。そういうものの一つに昆虫採集、特に蝶の採集があった。潔はこの頃から高等小学校時代にかけて蝶の採集に非常に熱中したのである。

五年生の六月のある日曜日のことであった。潔は箕面に蝶をとりに行った。捕虫網を手にし、青酸カリの入ったビンをたすきにかけて一人で電車に乗って出かけたのである。箕面の山に着くと初めて見るような蝶が飛んでいた。潔は胸おどらせてその蝶を追いかけた。しかしその蝶は非常に飛翔力が強く、高い山を越えて谷から谷へと飛んで行ってしまう。潔はそれをどこまでもどこまでも追いかけた。が、結局一日追いかけてもその蝶を捕まえることはできなかった。日も暮れてきた。潔は仕方なく、蝶を捕まえることはあきらめて

家に帰ることにした。

電車に乗ったところで顔見知りの先輩にあった。おそらくそこで、

「どこに行ってきたんや」

「箕面の山へ蝶をとりに」

「へえ、それでとれたんか」

「それが……」

というような会話がなされたのだろう。そして、そんな話をしているうちに家のことなどすっかり忘れてしまったのだろう。たまたまその先輩の別荘が箕面の近くにあり、

「どうや、ちょっとうちに来んか」

と言われた潔は、迷うことなくついて行った。そして、そこで夕食をよばれ、風呂にまで入れてもらってから帰宅したのであった。

ところが、家では大騒ぎであった。潔は大事な跡取りであったし、ちょうどその日寛治が用事で家を留守にしていたということもあって、警察に保護願を出すというところまでいってしまったのであった。

こうして五年生まで菅南小で過ごした潔であったが、六年生になる時に、郷里の紀見峠に帰ることになった。祖父・文一郎が病に倒れ、寛治が跡を取ることになったためである。

それは、本来跡を取るはずだった長兄が若くしてこの世を去り、その長男（つまり寛治にとっては甥）もまだ年若かったということが原因している。このへんの人間関係は複雑であるが、我々は寛治がこの甥にいずれはすべての財産を渡すつもりであったということだけを記憶にとどめておこう。なお、文一郎はそれから四年ほど病んだ後、一九一八（大正七）年にこの世を去ることになる。

さすがに今度は通うことができないので転校である。潔は五年ぶりに柱本尋常小学校に戻ったのであった。この時から潔の姓は「坂本」から「岡」に変わることになった。

さて、郷里に帰った潔の蝶捕りにますます拍車がかかったことは言うまでもない。アオスジアゲハ、オオムラサキはもとより、本来南方にしかいないが台風で飛ばされてきたようなものに至るまであらゆる蝶を採集したのであった。そして重要なのは、潔がこの経験を通して、後に数学上の発見の際味わうことになる「発見の鋭い喜び」を味わったことである。それはこんな具合であった。

そのうちに道が尽きて畑へ出た。カラッと視野が開ける。畑の端に櫟が植えてある。この櫟が目当てだったのである。かねて見当をつけておいた一本のところに来てみると、見たこともない大きな蝶が羽根を合わせて止っている。私はハッと息をつめた。じっと見ていると、おもむろに羽根を開いてまた閉じた。何という美しい紫色だろう。私は言いようのない喜びに打たれた。これが大紫である。(『紫の火花』より)

後に潔は、

「数学上の発見には必ず鋭い喜びが伴う。それはちょうど蝶の採集に行って見事なものを見つけた時の気持ちと同じだ」

というようなことをいろんな著書で書いているが、それはこの時の経験が元になっているのである。ちなみに、「発見の鋭い喜び」という言葉は昆虫採集について書かれた寺田寅彦の文章からとったものであるという。

さて、潔は六年生の時、大怪我をして学校を何か月も休むという経験もしている。家の近くに小さな池があったということはすでに述べたが、六年生の夏休みの終わり頃、潔は竹馬でその池に入っていった。ところが、その池は非常に泥が深く、竹馬がその泥に取られて身動きできなくなってしまった。そこで潔は、竹馬の上から池の端に向かってジャンプした。ところがちょうどそこに篠竹の切り口があり、そこに右足のかかとをいやというほど強くつきさしてしまったのである。ちょうどその時、農家の婦人が通りかかって助けられ、家まで運んでもらったが、その怪我はひどく、二学期のほとんどを休まなければならなかったほどであった。

その怪我が治りかけてきた頃、潔はケンケンで家の裏のみかん山に登り、そこで空を見たり、一面に生えている菊を見たりしながら二時間ほどを過ごす、という毎日を送っていた。そして、つぼみがふくらんで色が見え始めているような菊に注目し、その花がいつ咲くかを楽しみにしていた。おそらくそれは、『日本少年』を待っていた時と同じ気持ちだったのだろう。これがきっかけとなって、潔は菊が非常に好きになったという。

学校外のことばかり述べてきたが、勉強面にも目を向けてみよう。他の教科のことはよくわからないが、算術についてはいくつかの著書に書かれている。それによると、六年生の頃は、計算問題よりは応用問題の方が格段に好きであった。もっとも、どんな問題も完璧に解けたというわけではなく、たとえば、鶴亀算や碁石算などの難しい応用問題は自分で考えてもわからず、先生に教えてもらったこともあったというが、先生はその方面の力を高く買っていたようだ。

この鶴亀算、碁石算というのは江戸時代の和算の中にあった算術で、昔の小学校では盛んに教えられていた（他にも植木算、仕事算、ねずみ算などという言葉を覚えている人も多いのではないだろうか）。鶴亀算というのはその中でも代表的なものであろう。たとえば、「ここに鶴と亀が合わせて一〇〇匹いて、足の合計は二七二本であるという。鶴と亀はそれぞれ何匹ずついるか」

という問題である。

それに対して碁石算というのははっきりしない。潔は「碁石算」と書いているのだが、和算の中にそう名づけられた算法は見当たらないからである。ただ、碁石が題材として使われているものは、薬師算、旅人算、剰一算などけっこうあり、それらの中から想像すると（根拠はまったくないが）、潔の言う碁石算というのは剰一算のことではないかと思う。剰一算というのは、

「甲に十九個ずつの碁石、乙に十一個ずつの碁石をそれぞれ何回かずつ与え、甲の碁石と乙の碁石を同数にしたい。甲と乙のそれぞれに、碁石を何回ずつ与えればよいか。ただし、甲は最初に十個の碁石、乙は十一個の碁石を持っている。なお、それぞれに碁石を与える回数は、なるべく少なくなるようにしたい」

というような問題である。

このような問題を潔は完璧には解けなかった。まだこの頃の潔は数学というものに目覚めていなかったと言っていいだろう。寛治から、

「お前は、国語のノートに比べると算術のノートの方がきちんと最後まで書いているから算術の方が向いているのだろう」

とは言われた程度だったのである。つまり潔には、ガウスが小学校二、三年生の頃、

1＋2＋3＋………＋100

の計算を、

（1＋100）×100÷2＝5050

とたちどころに計算してしまった、というような天才的なエピソードはないのである。潔は感受性は非常に強かったが、それが数学にはまだ向けられていなかったのであった。潔が数学に意識を向けるようになるのは、まだ四年ほど後のことであった。

精神統一

一九一三（大正二）年三月、柱本尋常小学校を卒業した潔は粉河《こかわ》中学校を受験した。親戚にも中学校に行っている者がたくさんいたし、そもそも父・寛治は潔に学問をさせようと思っていたから、それは当然のことであった。ところが、潔はこの受験に失敗してしまうのである。なぜ落ちたか。本人の回想を見てみよう。

かなを漢字に直すのがまるでできなかったのと、算術の問題が横書きで、打ってあったカンマに初めてお目にかかったため、それを「ノ」と読んでしまい、それで間違えた

のが一題、それに習ってない鶴亀算の応用ができなくてもう一題も間違えてしまいました。このころの私にはまだ自分でくふうするということは全然できませんでした。つまり算術で二題間違えたことになる。

そのうえ国語のほうは、要点要点をはっきり押えることをしなかった。たとえば「軍を出す」という意味の「出師の表」を「兵を出す」と書いて半分ぐらい、さらに作文で「記事文で書け」と出たのを、事実を書いていけばいいんだろうと思って全部口語体で書いてしまった。「記事文」というのは「文語体」なのだから、出題とまるっきり違ったわけです。これぐらい間違えたのではいるわけがない。(『春の草』より)

これは、潔にとって生まれて初めての挫折であったと言っていいだろう。しかし、このことは潔にとってはそれほどのショックではなかったようだ。確かにこの年の入試の倍率は六倍もあって難しかったには違いないが、落ちたのは倍率のためではなく、なんの受験勉強もしないで入試に臨んだからだということがわかったからであった。落ちたのは当然の結果だったのである(後に潔が「この落第で私は一年早く小学校にはいったという責任を免れた」と言っているのは面白い)。

潔は紀見尋常高等小学校の高等科に進み、次の年にもう一度粉河中を受験することになった。しかし、高等科に通うようになったからと言って潔の生活が一変するようなことはなかった。相変わらず蝶の採集に熱中していたのである。ただ一つ変わったことがあった。それは家にあった『水滸伝』、『三国志』、『真書大閤記』などの分厚い本を片っ端から読んだことである。このことによって本が速く読めるようになったということが潔にとって非常に重要なことであった（潔は一時間に百五十ページ読んだという）。この速読によって読書力が大いに身につき、それによって雄大な計画を立てることができるようになったのである。速く読むということは、物語の展開がぐんぐん広がっていくということであり、それが雄大な夢や計画に発展していくということである。後に潔は数学の大きな難問に一人で立ち向かっていくことになるわけだが、その時の、

「この難問を一人ですべて解いてしまうのだ」

という心意気の大きさは、この頃の読書によって培われたものと言っていいだろう。

また、この頃の読書は別の効果ももたらした。後に潔が研究に行き詰まった時に、これらの本を読んで再び問題に取り組む活力を得たことである。その中で特に効力を発揮したのは『水滸伝』であった。完全に壁に突き当たり、「矢尽き刀折れ」というどうにもならない状態に陥ってしまった時には必ず『水滸伝』を読んだ。面白いのは、あまり行き詰まりがひどくない時には『水滸伝』ではなく、ドストエフスキーの『白痴』を読んだという

ことである。『白痴』は、あるページでは完全に行き詰まっているとしか思えないのに、次のページになるとまったく新しい道が開けてくるという感じの作品で、潔は、「文学でさえこんなふうにやっているのに、数学がこんな壁ぐらい突き破れないなどというようなだらしなさでは仕方がない」と勇気を奮い起こしたのであった（大学時代の潔は、「ドストエフスキーに負けない数学をやるんだ」と言っていたという）。しかし、行き詰まりがもっとひどい時には『水滸伝』でなければだめだったのである。

さて、高等科での勉強面に目を向けると、尋常科の時と大きく変わったのは、暗記力が身についたことであった。そのきっかけとなったのは農業の授業だったようで、潔はいろいろな数値の入ったかなりめんどうなノートをすべて覚えた。しかも、初めのうちは覚えにくかったが、箱火鉢のふちを固くつかんで、覚えてしまうまでくり返してやめなかったというのである。

これは入試の失敗がよっぽどこたえたことを示すものだろう。潔は二度目の入試には絶対に失敗するわけにはいかない、という相当な決意をしたに違いないのである。そしてこの努力は確実に実を結び、潔は苦手の書き取りも克服して二度目の入試には楽々合格することができたのであった。

しかし潔にとっては、この時の訓練によって暗記力が大いに身についたということが、合格以上の成果であった。暗記は中学校に入ってからも継続したが、そのための精神統一が潔にとっては非常に重要なことだったのである。

ただ、潔の精神統一の仕方は尋常ではなかった。それは、「そうだと思ったら何でも本当にやってみることである。徹底してやらねばいけない。それでこそ理想を描くことができるのであって、社会通念にしたがって生きていこうなどと思っていて理想など描けるものではない」という理念に基づいているもので、まさに命がけであった。たとえば、中学三年のある試験の時のことであるが、あまりにも集中し過ぎた潔は、試験が終わって教室から出るや否や食べたものをみな吐いてしまい、それから二週間ほど食事らしい食事ができなかったということがあった。誰しも集中し過ぎて気持ちが悪くなるという経験が一度や二度はあるだろうが、潔の場合はそれが徹底していたのである。

当然、そういうことを続けることが体に良くないことは明らかである。潔も、徹底した精神統一は非常に激しいので、秀才を夭折させる恐れがあると言っているほどだ（そして、医者が灸を研究して万一に備えるべきである、とも）。しかし、それでもなお潔は、「精神統一は学習の根本である。多少夭折する者がいても、それで大部分がきりっとなるならその方がいい」
と言い切っている。それはまさに潔の数学研究の姿勢そのものなのであった。

粉河中学校

話を少し前に戻そう。一九一四（大正三）年、潔は粉河中学校に入学し、寄宿舎に入った。この粉河中学校というのは上級学校への入学率が高いことで有名な中学校だったようだ。しかし、だからと言ってガリ勉の集まりというわけではなく、各学期に二回ずつある定期試験の時こそみんな必死に勉強するが、普段はどうやって遊ぶかということばかり考えているような雰囲気であった。寄宿舎では雑誌などをとってはいけないという決まりがあったらしく、どうやって時間をつぶすか苦しんだという。そんな環境の中で潔はのびのびとした学生生活を送ったのである。暇を持て余した潔が熱中したのはテニスだった。ある時は前日にテニスを遅くまでやりすぎたために、英語の単語帳は作ったものの覚える時間がなくなってしまい、教室に行きながらあわてて覚えて間に合わせたなんていうこともあった。

勉強面では、潔の暗記力にますます磨きがかかった。特に歴史は覚えるのが得意で、教科書の中の、

「アッチラの進むやその勢疾風の猛火を駆るが如く、人呼んで神の鞭といえり」などというようなくだりはすぐに覚えてしまったという。

試験も、数学以外はすべてこの暗記力にまかせて乗り切っていた。歴史や植物などは試験の何日か前から教科書を一ページずつ声を出して読み、次に天井を向いて教科書を見ないで声を出してくり返し、ちゃんと覚えたかどうかを確認する。そして全部のページがすんだら、もう一度最初から全部思い出してみる、というやり方で完璧に覚えてしまった(ただ、歴史の教科書の中でも、文化の説明が書いてあり、人名がたくさん出てくるようなところは苦手だったようだ)。

英語については、試験範囲の中に出てくる単語を自分で単語帳にまとめ、それを丸暗記するという方法でクリアした(ただし、潔自身はこのやり方は語学のためにはすすめられない、と後に言っている)。

しかし、そんな潔であったが、数学については暗記ですませようとは思っていなかった。潔にとっては数学は試験の時何の準備もしなくていい科目だったのである。つまり、潔にとって試験は暗記ものと数学の二種類であった。これはしごく当たり前のことのようであるが、現在の高校生などで、数学というのは公式や解法を覚え、それに数字を当てはめて答えを出す教科であると思っている者が多いことを考えると、この頃の潔には数学の素養がすでに芽生えていたと見るべきなのかもしれない。

ただ、そうは言っても、数学が抜群にできたというわけではない。入学してすぐの試験では鶴亀算の応用問題ができなかったようだし、二年の代数でも、三学期の最後の試験では五題中二題しかできなかったというくらいであった。もっともこの時は、潔のいつもの癖で一番難しい問題からやり始めたところ、その解き方を忘れてしまっていて、それで焦った結果、他の問題まで間違えてしまったという事情があったようであるが。それにしても、代数の平均点は六十八点だったというから、確かに抜群にできたとは言えないのである。

潔が本当に数学というものに目を向けたのは三年生になってからであった。そのきっかけは、脚気になって実家に帰り、しばらく学校を休んだことだった。脛骨《けいこつ》の外側を押すとへこむようになる、むくみがひどくて体重が増える、という症状を見て、舎監はすぐに実家に帰るように指示した。潔は寄宿舎の食堂で出されるねぎやかぼちゃの匂いのする汁がきらいで、

「家の食べ物が食べたい」

とかねがね願っていたので、大喜びで帰ったのであった。

実家では寝てばかりの生活であったが、脚気を治すために灸をすえた。これが潔にとっ

ては非常に良かったようである。しかし、このような生活が退屈きわまりない。暇を持て余して書庫を捜してみたが、たいていの本は高等小学校時代に読み尽くしてしまっていた。

そんな潔がふと手にしたのが、クリフォードの『数理釈義』という本であった。この出会いが潔の運命を決定づけたと言っていい。この本はイギリスの数学者W・クリフォードが書いたものを東大教授菊池大麓が訳したもので、潔は、

第一章　物の数はこれを数うるの順序にかかわらず
第二章　物の数はこれを加うるの順序にかかわらず

というような標題に魅せられて、その内容はよくわからなかったにもかかわらず読みふけったのであった。

その中に「クリフォードの定理」という非常に印象的な定理があった。それは、

「直線が三本あると、三角形が出来て外接円が決まる。四本あるとかような四個の円が一点に交わる。五本あると、かかる五点が同一円周上にある。かくの如く、交々円と点と決定して極まるところなし」

というものであった。

この定理が潔には実に神秘的に感じられた。それについて潔が語っている文章を読んでみよう。

その後も実にいろいろな定理や問題に出会い、そのたびに解ける限りは解いてしまったが、この定理だけは、いまだに証明しようと思ったことがない。証明してしまえば当り前のことになって神秘性がうすれるからである。(『春宵十話』より)

しかし潔は、証明こそしなかったが、この定理の言っていることが本当かどうかを確かめるために図を描いてみようと思った。ところが、描き始めてみるとなかなか大変な手間で、直線の数をだんだん増やしていって七本まで描くのが精一杯だった。

三学期の初めから期末試験が始まるまで描き続けていたので、二ヵ月ほどクリフォードの図ばかり描いていたことになる。しかし、いま思うと、これが私に数学の下地を一番つけてくれたのに違いない。(『春宵十話』より)

一つの定理についての図を二か月も描き続けるというのは並の集中力ではない。それも後の潔の「数学の下地」の一つでもあるのである。

ニュートンの定理

さて、この「クリフォードの定理」を現代風に書き直すと次のようになる。

クリフォードの定理

平面上に2n本の直線が与えられると、2n－1本ずつの直線の組によって2n個の円が決まるが、これらの円は一点を共有する。

また、2n＋1本の直線が与えられると、2n本ずつの直線の組によって2n＋1個の点が決まるが、これらの点は同一円周上にある。

これは、次の「ミケルの定理」を一般化したものである。

ミケルの定理

平面上のどの三つも共点でない四直線の作る四つの三角形の外接円は同一の点を通る。この点をミケル点という。（図1）

また、平面上にどの三つも共点でない五直線があれば、これらの四つずつの直線のミケル点は同一円周上にある。（図2）

（図1）

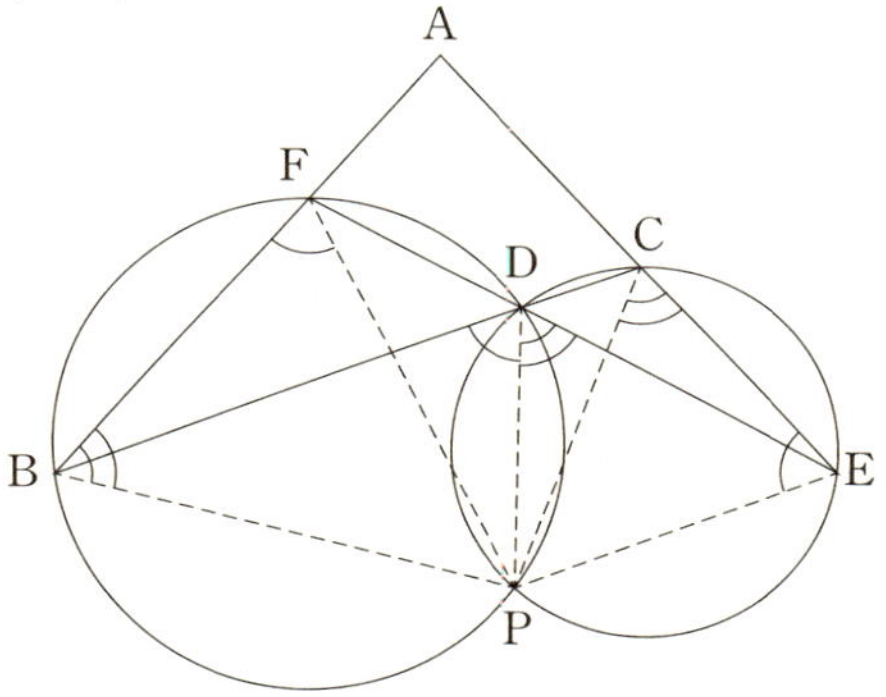

（図2）

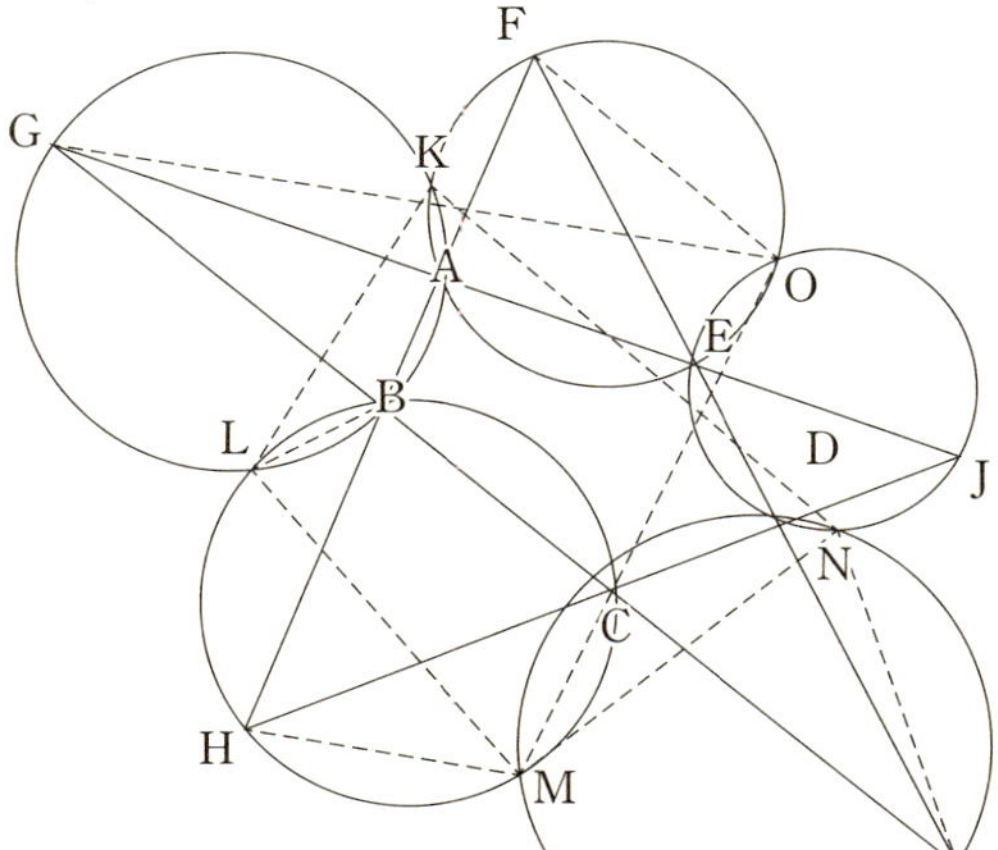

ここでは、「ミケルの定理」の前半部分の証明を紹介しておく（「クリフォードの定理」の証明は難しいし、神秘性をなくしてしまうことになるから省略することにしよう）。なお、潔同様、証明を見てしまうと神秘性がなくなるという読者は読まずに飛ばしてもらいたい。

ミケルの定理の証明

（図１）において、４直線とはBC、CA、AB、EFのことであり、そこにできる４つの三角形とは△ABC、△AEF、△BDF、△CDEのことである。

今、△BDFの外接円と△CDEの外接円の交点をPとすると、

∠BFP＝∠BDP（弧BPに対する円周角）

また、∠BDP＝∠CEP（四角形DPECが円に内接するから）

∴　∠BFP＝∠AEP

よって、四角形AFPEは円に内接する。つまり、△AEFの外接円は点Pを通っている。

同様に、

∠PCE＝∠PDE（弧PEに対する円周角）

また、∠PDE＝∠PBF（四角形BPDFが円に内接するから）

∴　∠PCE＝∠PBA

よって、四角形ABPCは円に内接する。つまり、△ABCの外接円は点Pを通っている。

以上のことから、△ABC、△AEF、△BDF、△CDEの外接円は一点Pで交わる。

この点Pがミケル点である。

もう一つ、中学校時代の潔が出会った忘れることのできない定理がある。それは「ニュートンの定理」である。これも「クリフォードの定理」と同じく、潔が数学を志すきっかけとなった重要な定理であるから詳しく紹介することにしたいと思う。

まず、潔自身の回想である。

中学の五年生のとき、冬休みの少し前から「完全四辺形の三つの対角線の中点は同一直線上にある」というのを証明する問題を、家の出口のたたきのところで、消し炭を使って図を描いては考えこんでいた。これを冬休みに入っても続けていたところ、正月前にとうとう鼻血を出してしまい、まるで睡眠薬中毒みたいにこのあとずっと気持が悪くなって、冬休み中はなおらなかった。しかし、こんなことがあってから、かなりよく考えるようになったと思う。（『春宵十話』より）

この、

「完全四辺形の三つの対角線の中点は同一直線上にある」

というのが「ニュートンの定理」と呼ばれる定理である。記号を使って言い直せば次のようになる。

（図３）

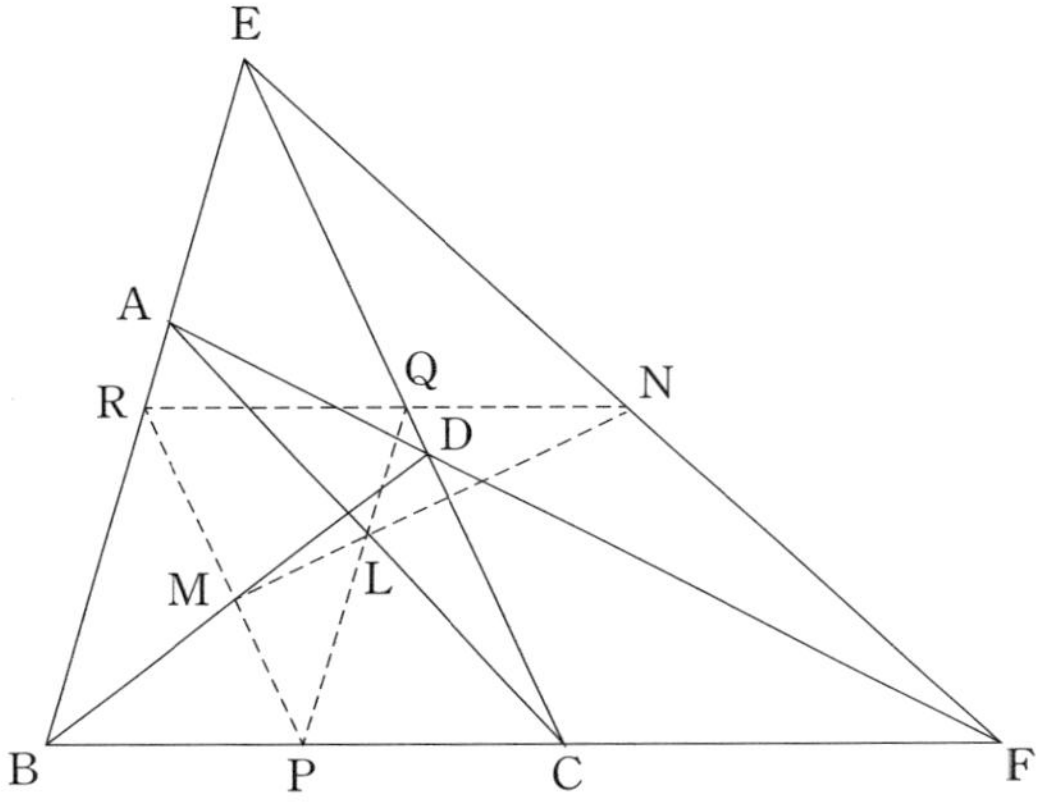

ニュートンの定理

四辺形ＡＢＣＤの対辺ＡＢとＣＤ、ＡＤとＢＣの延長の交点をそれぞれＥ、Ｆとすると、線分ＡＣ、ＢＤ、ＥＦの中点Ｌ、Ｍ、Ｎは一直線上にある。この直線をニュートン線という。（図３）

ここでは、高校二年生くらいの学力があれば充分理解できる証明を二つ紹介しておく。「証明①」は「メネラウスの定理」とその逆を使うもの、そして「証明②」はベクトルを使うものである。なお、「クリフォードの定理」の時と同様、神秘性を追求したい読者は飛ばしてもらいたい。

証明①

BC、CE、EBの中点をそれぞれP、Q、Rとすると、

PL//BA（△CABに中点連結定理を用いて）

LQ//AE（△CEAに中点連結定理を用いて）

よってP、L、Qは一直線上にあって、

AB＝2LP、EA＝2QL…………(1)

同様に、P、M、Rは一直線上にあって、

DE＝2MR、CD＝2PM…………(2)

同様に、N、Q、Rは一直線上にあって、

FC＝2NQ、BF＝2RN…………(3)

いま、直線ADFは△EBCを切るから、メネラウスの定理より、

$$\frac{BF}{FC}\cdot\frac{CD}{DE}\cdot\frac{EA}{AB}=1$$

これに(1)、(2)、(3)を代入して、

$$\frac{2RN}{2NQ}\cdot\frac{2PM}{2MR}\cdot\frac{2QL}{2LP}=1$$

約分して、

$$\frac{RN}{NQ}\cdot\frac{PM}{LP}\cdot\frac{QL}{MR}=1$$

よってメネラウスの定理の逆より、三点L、M、Nは一直線上にある。

証明②

$\overrightarrow{BA}=\vec{a}$、$\overrightarrow{BC}=\vec{c}$、$\overrightarrow{BE}=k\vec{a}$、$\overrightarrow{BF}=l\vec{c}$とおくと、

$\overrightarrow{BL}=\frac{1}{2}(\vec{a}+\vec{c})$、$\overrightarrow{BN}=\frac{1}{2}(k\vec{a}+l\vec{c})$ ……………………(1)

いま、点Dは、線分AFと線分CEの交点である。

まず、AD：DF$=s$：$(1-s)$と置くと、

$\overrightarrow{BD}=(1-s)\vec{a}+sl\vec{c}$

また、CD：DE$=t$：$(1-t)$と置くと、

$\overrightarrow{BD}=tk\vec{a}+(1-t)\vec{c}$

この両者を見比べて、

$$\begin{cases} 1-s=tk \\ sl=1-t \end{cases}$$

これを解いて、

$$s=\frac{1-k}{1-kl},\quad t=\frac{1-l}{1-kl}$$

よって、

$$\overrightarrow{BD}=\frac{k(1-l)}{1-kl}\vec{a}+\frac{l(1-k)}{1-kl}\vec{c}$$

よって、

$$\overrightarrow{BM}=\frac{k(1-l)}{2(1-kl)}\vec{a}+\frac{l(1-k)}{2(1-kl)}\vec{c} \cdots\cdots\cdots(2)$$

(1)、(2)より、

$$\overrightarrow{LN}=\frac{k-1}{2}\vec{a}+\frac{l-1}{2}\vec{c}$$

$$\overrightarrow{MN}=\frac{kl}{kl-1}\left(\frac{k-1}{2}\vec{a}+\frac{l-1}{2}\vec{c}\right)$$

よって、

$$\overrightarrow{MN}=\frac{kl}{kl-1}\overrightarrow{LN}$$

よって、L、M、Nは一直線上にある。

余談になるが、この「ニュートンの定理」の証明については、秋山武太郎の『幾何学つれづれ草』に面白い記述があるので紹介しておきたい。この本は、潔の著書の中にもその名が出てくるし、小平邦彦の『幾何のおもしろさ』でも紹介されている。

さて、之から述べる証明は今日まで唯だの一人にも明かさずして深く秘し置きたる会心の秘蔵の解である。実は初め此解を得たるときは其方法や迂遠にして複雑であった為半月ほど経たる後再び思い起すに如何にしても思い出さず、屑箱などまで探して前日の反故を求め得て僅かに保留し得たが、その節更に解法の理路を仔細に検査し推敲して簡単なるものに研ぎ上げたものである。今之を発表するのは如何にも惜しいが本書の愛読者に呈する微意として掌中の玉を手放すことにした。一二年の後には此の愛児が下らぬ俗書に載せられる事もあろうかと思うとうたた晴涙を禁ぜざるを得ない。

余談ついでにもう一つ。この本の冒頭には幾何学を讃嘆する「うた」というものが載せられている。もちろん筆者の秋山が作ったものである。その最後の一節を紹介しよう。

若しピタゴラスの定理得ず

相似の理論なかりせば
何の科学か世にあらむ
至妙至真の幾何学を
至純至巧の幾何学を
ああ如何にして我は讃嘆《たた》へむ
ああ如何にして我は讃嘆へむ

さて、こうして二つの定理に導かれるようにして、潔は数学の方に意識を向けた。しかし、本格的に数学に取り組み、それを一生の仕事にしようと決意するまでにはまだまだ年数を要する。本人も言っているように、潔は数学専攻に踏み切るのにはかなり臆病だったのである。

この章の最後に、中学四年生の時の茶目っ気のあるエピソードを紹介することにしよう。

四年生の時、学芸会みたいな会で話をしなければならなくなり、家の書庫にはいって種本を物色するうち、だいぶ古い本で『冒険世界』という名だったと思うが、ナポレオンを批評しているのがみつかった。読んでみるとナポレオンの成功の原因と失敗の原因が十個条ずつあげてあった。さっそくこれに決めてお手のもののまる暗記をやり、演壇でおくめんもなく、さも自説のように話した。ところがこれが意外にも学校中の大評判になり、いまさら実はこれこれと打ち明けようにも勇気の持ち合せはなし、全く閉口したことを思い出す。(『春宵十話』より)

このように、数学の面においてはもちろん、それ以外の学生生活においても非常に充実した粉河中学校時代はあっという間に過ぎ、一九一九(大正八)年三月に卒業の時を迎えたのであった。

第二章

紅萌ゆる

三高入学

粉河中学校を卒業した潔は高等学校に進むことになった。最初、潔が考えていたのは一高であった。粉河中は近畿地方の学校であるから、一番に三高を考えるのが普通のような気がするが、潔はずっと一高志望だったのである。ところが、それがもうすぐ卒業という頃になって潔は進学先を一高から三高に変更したのであった。その理由の一つは、

「一高は必ず寮にはいらなければならない。そして、その寮では夜中であろうがいつであろうが突然たたき起こされるようなことがあるらしい」

という噂を聞いたからであった。それを聞いた潔は、そんな野蛮なことをされたのではかなわん、と思った。

それともう一つの理由は両校の寮歌の違いであった。潔は冬休みに大阪で眼科医をしている叔父の薬局で手伝いをすることになったが、その時一緒に手伝いをした従兄から三高を代表する寮歌である「逍遙の歌」の話を聞いたのである。その辺の事情を潔は次のように言っている。

従兄は大阪高商のテニスの副将で、よく三高とテニスの試合をするのだが、そうする

と相手はよく「逍遙の歌」を歌うのだが、あれには全く参ってしまうのだ、と云った。それだけでは、どう云う意味か全くわからない。それでどう云う歌かきいてみると（中略）わたしはこれを聞くと、彼の云った「あれには参ってるんや」と云う言葉の意味が一遍にわかった。そしてひそかにそれ迄行こうと思っていた一高の代表的とされている寮歌と比較してみた。何しろこれがわたしの生涯の分れ道だったのだから、其処をよく見極めるために、此の方も全文を揚げる。（中略）曇り日に雲が切れてサッと射すと、植物の花が一斉に声を揚げんばかりに喜ぶ。これが「植物の喜び」である。わたしはこの二つの寮歌を比較して、三高の自由とは「植物の喜び」であって、一高の自由とは「動物の犇き」だと思った。それで躊躇なく人生の梶を一高から三高へ取り変えたのである。（『春雨《はるさめ》の曲』より）

次に両者の歌詞を揚げた（どちらも一番はよく知られているが、全部の歌詞を目にすることはめったにないだろう）が、読者はどう思われるだろうか。

それはともかく、このことは潔にとって大事件と言ってよかった。というか、それまでは漠然としか考えていなかった自分の進路を潔が初めて真剣に考えたと言っていい。潔はここへきて初めて、自分がそれまでに受けてきたさまざまさな教え（父、祖父、小、中学校

逍遥の歌　紅もゆる（明治三十八年）

澤村胡夷　作詞
K・Y　作曲

一

紅もゆる丘の花
早緑匂ふ岸の色
都の花に嘯けば
月こそかゝれ吉田山

二

緑の夏の芝露に
残れる星を仰ぐ時
希望は高く溢れつゝ
我等が胸に湧返る

三

千載秋の水清く
銀漢空にさゆる時
通へる夢は崑崙の
高嶺の此方戈壁《ゴビ》の原

四

ラインの城やアルペンの
谷間の氷雨なだれ雪
夕は辿る北溟の
日の影暗き冬の波

五

嗚呼故里よ野よ花よ
こゝにも萌ゆる六百の
光も胸も春の戸に
嘯き見ずや古都の月

六

それ京洛の岸に散る
三年の秋の初紅葉
それ京洛の山に咲く
三年の春の花嵐

七

左手の書《ふみ》にうなづきつ
夕の風に吟ずれば
砕けて飛べる白雲《はくうん》の
空には高し如意ヶ嶽

八

神楽ヶ丘の初時雨
老樹の梢傳《つた》ふ時
檠燈かゝげ口誦む
先哲至理の教にも

九

嗚呼又遠き二千年
血潮の史《ふみ》や西の子の
榮枯の跡を思ふにも
胸こそ躍れ若き身に

十

希望は照れり東海の
み富士の裾の山櫻
歴史を誇る二千載
神武の子等が起てる今

一一

見よ洛陽の花霞
櫻の下《もと》の男の子等が
今逍遙に月白く
静かに照れり吉田山

第十二回紀念祭寮歌　嗚呼玉杯に（明治三十五年）

矢野勘治　作詞
楠　正一　作曲

一

嗚呼玉杯に花うけて
緑酒に月の影やどし
治安の夢に耽りたる
榮華の巷低く見て
向ヶ岡にそゝりたつ
五寮の健兒意氣高し

二

芙蓉の雪の精をとり
芳野の花の華を奪ひ
清き心の益良雄が
劍と筆とをとり持ちて
一たび起たば何事か
人生の偉業成らざらん

三

濁れる海に漂へる
我國民を救はんと
逆巻く浪をかきわけて
自治の大船勇ましく
尚武の風を帆にはらみ
船出せしより十二年

四

花咲き花はうつろひて
露おき露のひるがごと
星霜移り人は去り
梶とる舟師《かこ》は變るとも
我のる船は常へに
理想の自治に進むなり

五

行途《ゆくて》を拒むものあらば
斬りて捨つるに何かある
破邪の劍を抜き持ちて
舳に立ちて我よべば
魑魅魍魎《ちみもうりょう》も影ひそめ
金波銀波の海靜か

の先生たち、そして中学校の先生たちからのもの）や、自分自身で獲得してきたことをふり返ったのだろう。そして、敢然として三高進学を決意したのであった。そして、それは実に正しい選択であったと言っていい。これは、それまでには見られなかった批判力というものが初めて働いた成果であると言っていい。潔にとってここは一生を左右するほどの重要な場面であった。そして、そういうここ一番という時にそれまでになかった新しい力が働いたというのは、紛れもなく潔が天才であることの証明になるのではないだろうか。

この年（大正八年）の三高の入学試験は七月に行なわれた。潔は粉河中学校を卒業してから受験勉強を始めたようである。そしてこの試験に合格し、九月に三高の理科甲類に入学した。「理科甲類」というのは現在の我々にはあまりピンとこないが、工科（つまり工学部）に進むことを前提とした類である。潔がこの類に入ったのには、まず第一に父・寛治の意向（すでに述べたように、工科に進ませたかったのである）があった。寛治は、潔に学問をさせる環境を整えただけでなく、潔が工科的なものに関心を持った時にはそれをしぼませないように心がけたのであった。たとえば、潔が目覚時計に興味を示し、分解して中の機械を取り出してしまっても一切咎めなかったのである。だから潔は、漠然とではあるが、自分は工科に進むものだと思い込んでいたのであった。

もう一つ、潔が甲類に進んだ理由は数学に対して自信が持てなかったことである。第一

大正８年３月23日、粉河中学校卒業時の潔。

章で述べたように、潔は「クリフォードの定理」、「ニュートンの定理」との出会いによって、他のどの分野よりも数学に関心を寄せるようになっていたのだが、父の意向に反してまでやっていく自信がなかったのである。もっとも、後に潔は、

「私が数学をやろうと決心した時には、すでにリーマン全集ぐらいは読んでいましたよ」

と言っているくらいだから、潔の言う自信というのは普通のレヴェルの話ではないのであるが。

三高時代からの友

三高の授業が始まった。しかし、どうも工業関係の科目は肌に合わなかった。用器画もうまく描けないし、工場設計法、工場見学なども好きになれなかった。試験は例によって得意の暗記でなんとかしのいだが、どうしてもこれらの科目に興味を持つことはできなかったのだ。漠然と工科進学を考えていた潔であったが、高校生活が始まってすぐに、自分は工科に向いていないのではないかという疑問を持ち始めたのである。

それにくらべて数学の授業は面白かった。特に杉谷岩彦という先生の授業は、話が面白いだけではなく、その出題する問題を解くのが格別だったのである。潔はそれに触発され、杉谷先生の出す問題だけでは飽き足らなくなって、当時東北大学から出されていた『東北

数学叢書』というシリーズを片っ端から読んでは問題を解いていったのであった。

「ニュートンの定理」のところで紹介した『幾何学つれづれ草』を潔が買い求めたのもこの頃ではないかと思われる。潔はある日、本屋でこの本を見つけ、そのはしがきを読んで魅せられて買ったのであった。しかしその本文は大学を卒業するまで読まなかったという。それは、「クリフォードの定理」を証明しなかったのと同様、読んでしまえば神秘性がうすれてしまうから、というふうにいかにも潔らしい理由からなのであった。その後潔は大学を卒業してすぐにこの本を古本屋に売ってしまう（北陸旅行の費用を作るためであった）。結局、潔はこの本を読まずじまいだったのである。

ところが、ここに不思議なことがある。潔が本屋で読んだというはしがきの内容がまるで違っているのである。潔はその内容についてこう言っている。

二次曲線は二直線に分解する場合は別だが、そうでなければ、五点を決めると、それを通るものはただ一つにかぎる。それで二次曲線上の六点は、ある性質を持つ。これをパスカルの定理という。

その証明だが、この定理の証明の要点は、二次曲線が円である場合に証明できればよい。それで円に関するパスカルの定理の証明法が問題になるのだが、秋山さんは、自分は非常にうまい証明法を発見した。『幾何学つれづれ草』を書いたとき、そのあとにこれを入れようか、入れるのをやめようか、と大分考えた。なぜかというと、うっかりこれを入れて、この本が他のつまらない数学の参考書の雑解などとともに、古本屋の棚の上にあるのを見たら、まるで自分の愛児がごみ箱に捨てられているような気がするだろう。それがいやで、大分入れるのを躊躇したが、ついに思い切って入れることに決めた。こう書いてあった。（『紫の火花』より）

しかし、『幾何学つれづれ草』の「序」を何度読み直してみてもそういうことは書かれていないのである。あるいは、と思って「パスカルの定理」の証明のところを見てもまったくそれらしい記述はない。どうやらそれらしいことが書いてあるのは、（すでに読者は気づいていると思うが）「ニュートンの定理」のところで紹介した文章のようだ。潔にはこういうことがよくあったようだ。親友の一人である秋月康夫も、「岡というやつは、この論文にこういうことが書いてあるというから、面白いと思って読むと、決してそういうことが書いてない」とよく言っていたという。

ところで、ここに名前をあげた秋月は著名な数学者で、その名著『輓近代数学の展望』

によって数学を志した者も多いという。また、潔の著書の中にも頻繁に登場しているから、一般の人たちにも知られているだろう。潔と秋月とは良いコンビだったようで、三高、京大をともに過ごし、卒業後はともに京大の講師も勤めている。また、潔の奈良女子大学への就職を世話したのも、学士院賞、朝日賞、文化勲章などに推薦したのも秋月であった。

潔はよく秋月のことを、

「蚊帳を逆さに吊ったような男」

と書いているが、これは、底がこれくらいだろうとタカをくくっていると、いつピシャリとやられるかわからない大きさを持っている、というような意味だという。

その秋月の思い出によると、潔は数学のことを考える時に、「これは歯を食いしばって考えること」とか「これは夢見るように」などという禅問答のようなことを言っていたという。また、数学の本の読み方もまったく潔流であったようだ。つまり、証明など読まないですいすい行ってしまうような時と、一つの所にとどまってなかなか進まない時の差が激しいという意味である。

さて、もう一人潔の三高時代からの友人がいる。それは後に東大教授となる解剖学者の小川鼎三である。小川については、潔の書いた文章を読んでみよう。

小川君といえば、私が数学をやろうと決めたころ、僕は数学者がどのような頭をどう使うのかしらべるのだ、といった。その後ヒマラヤの雪男の脳をアルコール漬にしたくなって、探検隊を率いてヒマラヤへ登った。残念なことに、足跡と見れば見られるようなものに出会っただけで、雪男そのものにはついに出会わなかったから、この企ては失敗に終ったが、私は当然彼に残念賞を与えるべきだと思う。彼がどういう男かを知ってもらうためにこの話をしたのだが、私は本当は雪男の脳のアルコール漬なんかどうでもよいから「数学者がどのように頭を使って数学するのか」の方をよく研究してほしいと思って待っているのである。(『春風夏雨』より)

「類は友を呼ぶ」という言葉があるが、彼らのこのような関係を何と呼べばいいのだろうか。

アーベルの定理

三高の校風は「自由」の精神であったという。これは学問をするには非常に重要な要素で、校内にそういう精神が漂っていたということは、潔が数学に向かうためになくてはならないものだったと言っていい。そういう意味でも、潔が一高ではなくて三高を選んだのは大正解だったのである。

いずれにしても潔はどんどん数学にのめり込んでいった（ということはどんどん工科からは離れていったということである）。そんな潔をさらに数学に向かわせるようなことがあった。それは二年生の三学期に代数の先生であった杉谷岩彦の、

「五次方程式から先はこのやり方では解けない。アーベルの定理といって、解けないことがちゃんと証明されている。君たちの大部分はどうせ工科へ行くのだろうが、理科へ進む人があれば、大学ではこの定理を教わるだろう」

という言葉であった。

この「どうせ」という言い方が潔には気に入らなかった。なんだか甲類にいる自分たちが馬鹿にされたような気がして腹を立てたのである。しかし一方では、解けないことをどうやって証明するのだろう、という疑問が日がたつにつれて大きくふくらんでいったのである。

ここで、方程式（代数方程式）の解法について簡単に触れておこう。

一次方程式と二次方程式の公式はよく知られている。ただし、現在の教育課程では複素数を学ばないで高校を卒業する者が少なからずいるので、二次方程式が完全に解けたとは言えない状況かもしれないが。

大正10年４月24日、三高２年時、
従弟・北村赳夫とともに（右側が潔）。

① 1次方程式

$$ax+b=0\ (a\neq 0)$$

の解は、

$$x=-\frac{b}{a}$$

② 2次方程式

$$ax^2+bx+c=0\ (a\neq 0)$$

の解は、

$$x=\frac{-b\pm\sqrt{b^2-4ac}}{2a}$$

ここでは三次方程式と四次方程式の解法についても簡単に述べておきたいと思う。

面白いのは、潔自身も三次方程式の解法を自分独自に発見していることである（『春宵十話』の中の「数学を志す人に」に書かれている）。

しかし、五次以上の方程式はこのような代数的な方法では解けない（つまり公式を作ることができない）ということを十九世紀の数学者アーベルとガロアが証明したのである。この二人は国も違うし（アーベルはノルウェー、ガロアはフランス）、面識もなく、それぞれが独自の方法でこのことを証明したのであった。

話を元に戻すが、おそらく杉谷は軽い気持ちで「どうせ……」という言葉を口にしたのだろう。しかし潔にとっては池に投げられた小石のように、どんどんその波紋が心の中に広がっていったのであった。

だが、潔はそれでも工科を捨てて理科に進むという決心がなかなかできなかった。その一番の理由は、理科に進んだら、いずれ

③ 3 次方程式(タルタリヤの解法)

$ax^3+bx^2+cx+d=0\,(a\neq 0)$

まず、両辺を a で割り、さらに $x=t-\dfrac{b}{3a}$ と置くと、方程式は、

$t^3+3pt+q=0$

という形になる。

いま、A と B を

$A^3+B^3=-q$、$AB=-p$

となるような数とすると、この方程式は、

$t^3-3ABt-A^3-B^3=0$

となり、

$(t-A-B)\{t^2+(A+B)t+A^2-AB+B^2\}=0$

と因数分解されるから、

$t=A+B$、$\omega A+\omega^2 B$、$\omega^2 A+\omega B$

と解ける。($\omega=\dfrac{-1+\sqrt{3}\,i}{2}$である)。

ただし、A^3、B^3 は $t^2+qt-p^3=0$ の解で、AとBの組み合わせは

$AB=-p$ による。つまり

$A=\sqrt[3]{\dfrac{-q+\sqrt{q^2+4p^3}}{2}}$、$B=\sqrt[3]{\dfrac{-q-\sqrt{q^2+4p^3}}{2}}$

である。

よって、求める解は、

$x=A+B-\dfrac{b}{3a}$、$\omega A+\omega^2 B-\dfrac{b}{3a}$、$\omega^2 A+\omega B-\dfrac{b}{3a}$

となる。

④ 4 次方程式（フェラリの解法）

$ax^4+bx^3+cx^2+dx+e=0\ (a \neq 0)$

まず、両辺を a で割り、さらに $x=t-\dfrac{b}{4a}$ と置くと、方程式は、

$t^4+pt^2+qt+r=0$

という形になる。

いま、この式を、

$t^4=-pt^2-qt-r$

と変形し、さらに両辺に $ut^2+\dfrac{u^2}{4}$ を加えると、

$$t^4+ut^2+\frac{u^2}{4}=ut^2+\frac{u^2}{4}-pt^2-qt-r$$

$$\therefore \left(t^2+\frac{u}{2}\right)=(u-p)\,t^2-qt+\frac{u^2}{4}-r$$

右辺の判別式を D とし、D＝0 の解の一つを α とすると、

（$\mathrm{D}=-u^3+pu^2+4ru-(4pr-q^2)=0$
は u の 3 次方程式だから③の方法で解ける）

$$\left(t^2+\frac{u}{2}\right)=(kt+l)^2$$

（ただし、$k^2=\alpha-p$、$2kl=-q$）

よって、

$t^2+\dfrac{\alpha}{2}=kt+l$ または $t^2+\dfrac{\alpha}{2}=-kt-l$

これらを解いて、4 つの t の値が得られる。

は学問的な貢献をしなければならないが、それに対する自信がなかったということである。ただ、その基準は潔独自のものであって、一般的に数学ができるとかできないという問題ではなかった。たとえば、潔の感性はこんなふうであったのだ。

林鶴一著の「不等式」の問題を解いたとき、その序言に「人の頭の利鈍を分つには不等式ほど適したものはない」とあった。ところが、私は大小関係があることまではすぐわかるのだが、その下の、ではどちらが大きいのかというところからはさっぱりわからない。（『春宵十話』より）

科学と方法

さて、三高時代に潔が読んだ本の中に、後々まで大きな影響を与えたものがあった。それはアンリ・ポアンカレの『科学と方法』である。この頃の潔は読みたい本があると、たとえ夜遅くであっても丸太町の古本屋を一軒一軒たずねてそれを捜したという。読みたいと思ったらその日のうちに読み始めたかったからである。おそらくこの本もそんな風にして買い求めたものだろう。

ポアンカレはフランスの有名な数学者であり、エッセイストでもある。『科学と方法』、

『科学と仮説』、『科学の価値』の三部作はつとに有名であろう。その『科学と方法』の「第一篇　学者と科学」の「第三章　数学上の発見」に数学における発見の持つ特徴が書かれている。それは、次の三つの特徴である。

一、突然天啓が下ったように考えが開けてくる
二、それに先立って長い間無意識的な活動が行なわれている
三、絶対的確実の感が伴う

つまり、発見というのは、あることについて極度に緊張して考え続けた後の弛緩した心の状態の時に、突然極めて短い時間（ほとんど一瞬と言っていい）に行なわれ、その結果が正しいということは確かめなくても明らかである、ということなのである。


これは身近な例で言うと、試験の時、終わって教室を出た瞬間に、

「あっ、あの問題を間違えた」

と気づくというようなことである。あるいは昔の有名な話で言えば、アルキメデスが風呂に入って湯がザーっと湯船からあふれ出た瞬間に、

「わかった！」

と叫び、

「余は発見せり」

と言いながら裸で家までとんで帰った、というようなことである。

これは、後に潔が「インスピレーション型」と呼ぶ発見の仕方ということになるが、潔はこれに異常な関心を持ったのであった（余談になるが、潔はいくつかの著書で、このことがかかれていたのは『科学の価値』である、と書いている。しかしそれは潔一流の間違いで、正しくは『科学と方法』なのである）。

しかし、二年生になっても三年生になっても、自分にそういう現象が起こらない。それが、潔が数学に対してなかなか自信を持てなかった大きな理由なのであった。潔にしてみれば、数学の世界に飛び込みたいのだが、そのきっかけがつかめなくてはがゆい思いをしていたのである。

だが、三年生になり、追い風が吹いてきた。それは、アインシュタインの来日という「事件」であった。正確に言えば、次の年（つまり潔たちが大学に入る年）にアインシュタインが来日することが決まったというニュースである。

アインシュタインは一九〇五（明治三十八）年に特殊相対性理論を、そして一九一五（大正四）年には一般相対性理論を発表し、この年一九二一（大正十）年にノーベル物理学賞を受賞した物理学者である。その相対性理論は、人類にとって、ガリレオの「地動説」、ニュートンの重力の発見に匹敵する、いやそれ以上の画期的な理論であった。その、まさに「時の人」であるアインシュタインが来日して講演するというのである。

これには三高の学生たちも色めき立った。それが潔にとって追い風になったのは、甲類百五十人のうち十人もの学生が工科ではなく理科に進むと言い出したことであった。潔はそれに勇気を得て（便乗して、と言った方が正しいかもしれないが）、自分も理科に進むことにしたのである。潔が特にアインシュタインに関心を持ったとは思えない。おそらく父・寛治を説得するのにアインシュタインという名前が効果的だったのだろう。

こうして潔は、一九二二（大正十一）年四月、京都帝国大学理学部物理学科に入学したのであった。まだまだ数学に対して自信が持ち切れなかったために、数学科ではなくて物理学科ということになったわけだが、確実に一歩数学に近づいたことは間違いなかった。

そう考えてみると、三高三年の時に起きたアインシュタイン・ブームというのは、潔を数学に向かわせるための天の（後の潔の言い方をすれば「天の造化」の）配剤であったのかもしれない。

しかし、というか予想どおりというか、物理学というものも潔の肌に合わなかった。潔は人には、

「実験が下手だから」

なんて言っていたようだが、本当は、「クリフォードの定理」や「アーベルの定理」の持つ神秘性の方が物理より高尚であるような気がしたのである。

だが、そうは言っても自分にはポアンカレの言うような発見の体験もない。さあ、どうする？　ぼちぼちこのへんで将来の進路について決着をつけなければいけないのではないか。そう考えた潔はさっそく行動を起こした。ある教授を訪ねて、

「数学はニュートン以後一歩も進んでいないのですか」

という質問をぶつけてみたのである。おそらくこの頃の潔は、自分が数学に対して学問的な貢献ができるかどうかわからない、という自信のなさが高じて、果たして数学という学問は勉強したり研究したりする意義があるのだろうか、という疑問を感じていたのではないだろうか。それがこのような質問になったのである。

ところが、その教授から返ってきた答は、潔にとっては思いもかけないものであった。教授は、

「いや君、そんなことはない。リーマンがいるよ」

と言ったのである。

「リーマン」という名前は、潔にとっては初めて聞くものではなかったが、完全に未知の世界であった。潔がすぐに『リーマン全集』を買ったことは言うまでもない。そして、それを読み進めるにつれて、潔は数学には壮大なる創造の世界が存在することを感じ取っていった。ニュートンの開いた世界が「認識」の世界ならば、リーマンのそれはまさしく「創造」の世界であった。そして、リーマンは数学の研究それ自体をやっているのではなく、それによって創造の一例を示しているのである。このリーマンの世界になら何か為すべきことがあるに違いない。潔はそんな見解に達したのであった。

「アーベルの定理」が潔にとって「ホップ」であったとすれば、このリーマンとの出会いはまさに「ステップ」と言うべきであった。

さて、ここで話を中断して、リーマンの生涯を簡単にたどってみることにしたい。潔は京大を卒業した後、リーマンの続きをやろうと思い定めて何年か苦悩することになるのだが、そのリーマンの生涯を知っておくことは大いに意義のあることではないかと思うからである。

◎リーマン小伝

ベルンハルト・リーマンは、一八二六年九月十七日に、後にプロイセンに併合されることになるハノーファー王国のダンネンブルク近郊にあるブレゼレンツで、牧師の子として生まれた。そして、生まれてすぐ、父の配属の関係でクヴィックボルンという村に引っ越した。ここは、ドイツとの国境に近いということもあってか、非常に人口密度の低い所であった。そのためか、ギムナジウム（潔のころの日本で言えば尋常小学校の高学年から高校までを一貫させたような学校）に通うようになるまで、リーマンはほとんど家族の中でだけ生活したのであった。これが、リーマンを生涯他人とのつき合いが苦手な人間にさせてしまったことは明らかである（もちろん、それが大数学者・リーマンを生み出す土台となっていたことも事実だろうけれども）。

リーマンが生まれて初めて外の世界に出たのは一八四〇年、十四歳の時であった。それまでリーマンの教育をしたのは父親であった。この父親がどんな人柄で、リーマンに対してどんな教育を施したのかは詳らかでないが、牧師という職にあったことを考えると、倫理的な教育がなされただろうことは容易に想像できる。また、読み書きなどの勉強面においてもその教育がすばらしかったことはリーマンがギムナジウムに入る時に、最初の四年間を飛ばして、いきなり五年生から入学したという事実を見れば明らかだろう。

実際、リーマンは優秀な生徒であった。それをいち早く認めたのは、七年生（ギムナジウムは十年制）の時に移ったリューネブルクのギムナジウムの校長・シュマールフスであった。シュマールフスはリーマンが数学において飛び抜けた才能を持っていることを発見し、様々な文献をリーマンに与えたのであった。そして、リーマンはそれらを次々に吸収していったのである。

たとえば、リーマンはルジャンドルの『数論』という本をわずか一週間で読んでしまったばかりか、その内容をそれから二年後の卒業試験の時にもそらで言えるくらいに覚えていたというのである。

シュマールフスはこの頃のリーマンについて、

「当時彼はすでに数学者であった。その能力の前では、彼の先生が惨めな思いをした」

と回想している。

シュマールフスの功績は、この頃のリーマンに「形式的」あるいは「機械的」なものを本質的なものと受け取らないようにという指導をしたことであった。リーマンの数学の特徴は、計算規則だけに頼った式変形をできるだけ避けて、これを概念的な思考で置き換えるというものであったが（それが潔の琴線に触れたのだろう）、その土台が築かれたのはこの頃であり、それはシュマールフスの指導の賜であったと言っていいのである。

さて、一八四六年にギムナジウムを終えたリーマンはゲッチンゲン大学に入学した。リーマンがこの大学を選んだのは、ハノーファー教会に属する唯一の大学だったからという単純な理由からであったようだ。父親も大学で神学を学ばせたいと思っていたようだから、ごく自然な選択であったわけだ。しかし、これはリーマンにとっては運命的な選択であった。この大学には十九世紀最大の数学者と言われた（潔も「数学史きっての怪人」と呼んでいるほどの）ガウスがいたのである。

リーマンは父親の希望に反して数学を専攻した。そして、ゲッチンゲン大学の講義だけでは飽き足らなくなって、途中二年ほどベルリン大学に移ってディリクレやヤコービの講義を聴いた後、再びゲッチンゲン大学にもどり、ガウスのもとで博士号を取ったのであった。その学位論文は「一つの複素変数の函数の理論の基礎」というもので、一変数解析函数論の仕上げに向けての第一歩となるものであった。ガウスはこの論文に対して、「全体として、確実で価値のある研究であって、通常博士志願者の試験論文に要求される基準を満たすだけでなく、はるかに凌駕するものである」という評価を与えている。

さらにリーマンは一八五四年に大学教授資格を取得する。その際行なわれた講演「幾何学の基礎をなす仮定について」は、後のリーマン幾何学の基礎を打ち建てたものとして非

常に重要なものである。ガウスはこの講演を聴いてその思想の深さに興奮し、その帰り道に知り合いの数学者をつかまえて、

「自分は長い生涯の間で、今日くらい感銘を受けたことはなかった」

と語りかけたという。ガウスという人は極度に人間嫌いで、自分からすすんで人に話しかけるというようなことは決してなかったし、ましてや人を賞賛するということなど皆無と言っていいほどだった。この時のリーマンの講演はそのガウスをこれだけ興奮させたのである。

こうして教授資格を得たリーマンは、一八五四年から五五年にかけての冬学期における「偏微分方程式とその物理への応用」という講義で教職生活を開始した（最初は講師であった）。そして、一八五七年には員外教授に、さらに一八五九年には正教授に昇格した。この一八五〇年代が数学者としてのリーマンの全盛時代であった。

一八六二年六月、リーマンは妹の友人の一人であるエリーゼ・コッホと結婚する。本当は、教職生活を始めたばかりの頃助手を勤めた物理学者ウィルヘルム・ヴェーバーの姪ラウラとの結婚を長年望んでいたようだが、その人間関係に自信が持てなかったのか、あるいは自分の健康状態のこと（リーマンはもともと体が弱かったので）が理由になったのか、その夢は実現せず、けっきょくは妹の友人という、家族以外では最もつき合い易かった人た

ちの中から伴侶を見つけたのだった。そして、それはリーマンにとっては幸せなことであったようだ。

ところが皮肉なもので、結婚してすぐの七月にリーマンは肋膜炎を患う。医者は、暖かいイタリアでの長期療養を勧めた。この頃には恩師のガウスもディリクレもすでに他界しており、親交のあったデデキントもチューリヒ工科大学の教授となってゲッチンゲンを去っていた。言わばリーマンはゲッチンゲン大学で独りぼっちになってしまっていたのである。幸い、ヴェーバーとザルトリウスの二人が骨を折り、この年の十一月から翌一八六三年の三月まで、リーマンが妻と一緒にイタリアのシチリアで冬を過ごすことができるように取り計らってくれた。

これを最初として、それから死ぬまでの間、リーマンはその大部分をイタリアで過ごすことになる。そのイタリアでの生活について、デデキントは次のように書いている。

「彼の生涯の真に光輝いていた焦点である。それは、このうっとりする国の自然と芸術のすばらしさを目の当たりにして、彼が無上の幸福を感じたというだけでなく、彼がゲッチンゲンでいつも感じていた、抑圧的な気遣いから解放されて、イタリアでは他人に対して自由な人間でいられると感じたということである。こんな事情とすばらしい気候が彼の健康に及ぼしたよい影響で、彼はしばしば快活になり、当地では幸せな日々を過ごすことができた」

だが、一八六二年に患った肋膜炎は、外見上は回復したものの、肺病の芽を残しており、リーマンは一八六六年七月二十日、マッジョーレ湖畔のセラスカで帰らぬ人となってしまうのである。四十歳に満たない一生であった。

しかし、短い生涯ではあったが、リーマンの名は、「リーマン幾何学」、「リーマン積分」など、現代数学の基礎概念の中に数多く残されている。これは、リーマンが十九世紀半ばにして二十世紀の数学を予見し、その飛躍の礎を築いた数学者だったからである。

潔に関係した複素函数論におけるリーマンの意義は、デカルトやニュートンに始まる近代的な解析学に複素数というものが導入され（それにはオイラーやガウスがおおいに貢献した）コーシーによって函数論という一つの体系としてまとめられたものを、その基礎的な部分をきちんと見直すことによって完全なものに仕上げた、という点であろう。

発見の鋭い喜び

さて、潔に話を戻そう。『リーマン全集』を読んだ潔の気持ちは、もう完全に数学に向いていた。あとは踏み出すきっかけを待つだけである。もちろん、そのきっかけというのは、ポアンカレの言うような発見を経験すること以外にはない。

潔は、その経験をするための試みを翌一九二三（大正十二）年の一月にした。冬休みが終わった後も大学に行かず、紀見峠の実家の客のために建てた二間続きの座敷を借り切って、毎日問題を解いたのである。フォルサイスの小微分方程式の本をテキストにして微分方程式を片っ端から解いたのであった。この時の潔の勉強の仕方は、自分で解いた後でテキストの解法を見る、というそれまでになかったやり方であった。これは、潔がいかに発見の経験をするために必死になっていたかを物語るものであろう。もっとも、潔はそれほど悲壮な思いでこの期間を過ごしたわけではなく、面白く問題を解いていたようだ。自分が解いた後テキストを見ると、実にすばらしい解き方が書いてあり、

「なるほど、こんな風にやればこんなにも鮮やかに解けるのか」

と感嘆したことも少なからずあったのである。

だから、残念ながらこの試みをした期間中に発見の経験をすることはできなかったが、この時二十日近くも学校を休んで問題を解いたことは無駄ではなかった。そして、実際発見の下地はこれで完全にでき上がったのである。

そして、ついに発見の時はやってくる。それは学年末試験の時のことであった。潔は安田亮講師の「不変式論」の試験を受けていた。安田というのは当時天才と謳われた先生だったようだ。問題は二題、時間は二時間である。潔はいつも通り、難しいと思われる方の

問題から取り組み始めた。しかし、その問題は天才安田の問題だけあって、一筋縄ではいかない。どこから手をつけていいのかもよくわからないのである。潔は二時間という試験時間のほとんどをその問題に費やすことになった。

そして、その二時間がもうすぐ終わろうかという頃、問題解決のアイデアがひらめいた。それは、その問題の解決の糸口であったが、同時にそれまでの何年間かのもやもや（すなわち数学への踏み切りという大きな問題）の解決に対する糸口でもあった。すなわち、待ち望んでいた「発見の鋭い喜び」の瞬間なのであった。

その瞬間潔は、

「わかった！」

と大きな声で叫んでいた。当然、まわりの学生たちは潔の方を振り返るし、監督していた安田も潔の方を見た。潔は、きまりの悪さに顔を赤くしながら急いで鉛筆を取り、答案を仕上げたのであった。

発見の喜びが長く尾を引いた。これこそが、ずっと待ち望んでいたものだったのだ。この次の時間にも試験はあったが、とても受ける気にはならなかった。潔はぶらぶらと円山公園まで歩いていき、ベンチに横になって夕暮れまでじっとしていたのであった。

この時の試験問題がどんなものであったのか。潔が何も書き残していないので、今のわわれわれには知ることができない。これは非常に残念なことである。しかし、この問題のおかげで大数学者・岡潔が誕生することになったのだ。そういう意味では、その後の日本数学史において、一般の人間にはまったくその名を知られることのない「安田亮」という名前が残ることになったのは面白いことであろう。

さて、待ちに待った発見の喜びを経験した以上、潔にとって数学の世界に飛び込むことに対する障害は何もなくなった。潔は迷わず数学科への転科を決めたのであった。

転科してからの二年間は先生たちの講義が実に面白く、一日一日と眼が開かれていくようであった。特に、潔にとっては数学の内容だけでなく、先生たちが話してくれた数学史の話が心に残った。当時、どこの大学の数学科でもこのような講義がなされていたかどうかはわからないが、これは非常に重要なことであったのではないだろうか。潔はその印象を、

「まるで花々の色とりどりに咲き乱れた花野に遊ぶような気がする」

と言っている。

また、すばらしい学友にも恵まれた。前述の秋月康夫はその筆頭であるが、それ以外にも潔をして、

「私など遠く及ばない」

と言わしめるような者もいたのである。それは松原という三高からの友人であった。

二年の初め頃、射影幾何の西村貞吉の講義でヘルムホルツ＝リーの自由運動度の公理を教わって感動した松原は、リーの主著である『変換群論』という本を原語（ドイツ語）で読むのだといって講義には出ずに、大学の図書館に通っていたという。当時の京大は三高の「自由」という校風の延長（高木貞治流に言えば、「校風の解析的延長」か）で、このような学生が珍しくなかったようである。すでに述べたように、潔自身もこの年の一月には講義を休んで自宅で問題を解いたのであった。

その松原が、あと一科目の単位を取れば卒業という時、その試験日を間違えてしまい、大学に来てみるとその試験は前日にすんでしまっていた。その時潔は講師になっていたので、なんとか追試験ができるように出題者に頼み込むなどの努力をしたが、大学の規則もあってその願いは聞き入れてもらえなかった。しかし、その時松原は決然として、

「自分はこの講義はみな聴いたし、試験のための準備もちゃんとすませた。自分のなすべきことは何も残っていない。学校の規則がどうであるかなどということは自分には関係のないことだ」

と言って郷里に帰ってしまったというのである。もちろん、大学は卒業しないままである。このような行動に対して潔は「遠く及ばない」と言っているのである。

大正12年10月３日、京大２年時。

こうして、潔はすばらしい先生や友人に囲まれて数学を勉強していったのであった。しかし、潔の数学に対する考え方、取り組み方は、勉強が進むにつれて他の者とどんどん違っていったようだ。

それをよく示しているのが、次の三年生の時のエピソードであろう。ある日、昼に教室で弁当を食べながらある同級生と議論になった。その最後に潔は、

「ぼくは計算も論理もない数学をしてみたいと思っている」

と言った。すると、二人の議論を聞いていた他の同級生が、

「ずいぶん変な数学ですなあ」

と突然奇声を張り上げた。そして、それに続いて隣の部屋から笑い声が起きた。隣は数学の先生たちの食堂だったのである。

これは落ちもついていて面白い話だが、ここで潔の言っている「計算も論理もない数学」が、将来潔自身の手によって実際に作られるということを考えると、非常に重要なエピソードであると言える。というのは、潔が後に「情操型発見」と言っているものの芽生えがこの頃にすでに見られるということだからである。

そうこうしているうちに卒業が近づいた。当然、卒業試験というものがある。その中に口頭試問があった。それに対して潔は、それまでにやったことのない「数学の丸暗記」と

いうことをやった。口頭試問と聞いて、潔はガロアのことを思い浮かべたのではないだろうか。先生たちの数学史の話の中でも、エコール・ポリテクニクの入試の口頭試問で黒板ふきを試験官に投げつけたというガロアのエピソードは、格別に面白かっただろうから。もちろん当時の京大の口頭試問をポリテクニクと一緒にすることはできないが、潔にとって口頭試問というのが味気ないものであることは容易に想像できたに違いない。それで潔は「数学の丸暗記」ということを考えたのだろう。

結果的には、潔のその作戦は成功し、無事に卒業試験にパスすることができた。そして、卒業と同時に京大の講師に就任することができたのであった。だが、やはり「数学の丸暗記」というのは、

「私にとっては試験科目は数学と暗記物の二種類に分かれる」

と言っていた潔にとってはかなり負担だったのではないだろうか。

卒業後、潔は睡眠薬を用いるようになるが、そのきっかけになったのがこの「数学の丸暗記」にあったと考えるのはそれほど不自然なことではないだろう。

それはともかく、この睡眠薬服用が中毒症状を生み、卒業後の輝かしいはずの生活の最初の二年間を後遺症に苦しんで過ごすことになろうとは、この時の潔には分かるべくもなかった。

第三章

紫の火花

講師時代

大学を卒業した者がどのような進路を歩むかは実に大きな問題である。特に数学科というのは他の理科系学科とくらべてみても就職という面では難しさを抱えている学科であると言っていいだろう。というのは、数学科に籍をおいた者は、多かれ少なかれ研究ということを意識するけれども、全員が研究者になれるわけではないからである。いや、それどころかその割合は非常に少ない。それは昔も今も変わらないだろうし、洋の東西をも問わないであろう（たとえば、あのワイエルシュトラウスでさえも、大学を出たての頃はギムナジウムの体育教師であったのだ）。

だから、そんな中で潔が卒業と同時に母校の講師に就任したというのは非常に幸運であったと言える。もちろんそれは成績が優秀だったからには違いないが、実力と地位が一致しないのが世の常であることを考えれば、やはり幸運と言うべきであろう。

また、潔は講師就任と時を同じくして結婚もしている。相手は小山ミチという遠縁にあたる二十一歳の女性であった（この時潔は二十四歳である）。潔とミチが知り合ったのは大阪で眼科医をやっていた叔父の家であった。ミチはここへちょくちょく手伝いに行っており、やはり手伝いに行った潔と会って話をするようになったのだという。そうして何度か顔を

合わせているうちに潔はミチにぞっこんほれ込んでしまった。ミチに会いに叔父の家を訪ねる時、潔は玄関の外から大きな声で、
「おミッちゃん、来たよ」
と言いながら入っていったというから、どれだけほれ込んでいたかわかるだろう。しかし、それにしても実にあけっぴろげで潔らしい話ではないか。そして、ミチの方もそんな潔に対して次第に好意を寄せるようになったのであった。だから、周りの人たちにとって二人が結婚するということは周知のことだったのである。

しかし、潔は新婚生活を睡眠薬中毒で始めなければならなかった。一学期ほどの間に完全な中毒患者になってしまったのである。そして、医者の勧めに従って睡眠薬の服用はやめたが、その後遺症は二年ほど続いたのだった。はたには実に前途洋々たる若手数学者の誕生という輝かしいニュースのように映った潔の新婚生活であったが、その実態は決して輝かしいものではなかったのである。新婚生活をこんな形で始めなければならなかったというのは、ミチにとってはもちろん、潔にとっても苦しいことであっただろう。

こんな風に書くと、睡眠薬中毒で数学など教えられるのか、という疑問が起きてくるに違いない。しかも、教える相手は京大生なのである。潔はちゃんと講義をしていたのか。それは当然の疑問であろう。

しかし、それに対する答はイエスなのである。すでに出来上がった数学を伝えるということは中毒状態でもできるのだ。だが、新たな数学を造り出すということはそれとは別で、とても中毒状態でできるものではない。それで潔は苦悩したのである。また、教授法や教育についてのことは、それはそれで大きな研究テーマであるわけだが、当時の潔の頭の中には教育のことはなかった。

それではいったい潔はどんな講義をしていたのだろうか。それを知る資料はほとんどないが、大学を出て四年目の講義については潔自身が書いている。潔は三年目から三高の講師も兼任することになったが、そこでの解析幾何の講義についてである。

教科書の中に、

「円に外接する四辺形の二つの対角線の中点を結ぶと、その円の中心を通る」ことを証明せよ、という問題があった（ちなみにこれも「ニュートンの定理」と呼ばれている定理である）。

この問題を当てられた生徒は、その一生懸命考えてきた解答を黒板にびっしり書いた。解析幾何の問題として出題されていることを考えると、その生徒は次のような解答を書いたのだろうか（あくまでも想像である）。

ニュートンの定理・その2の解答例

円Oを $x^2+y^2=\mathrm{r}$ とおき、それに外接する四辺形をABCDとして

直線ADを $x=r$、

直線ABを $ax+by=r^2$（ただし $a^2+b^2=r^2$）、

直線BCを $cx+dy=r^2$（ただし $c^2+d^2=r^2$）、

直線CDを $ex+fy=r^2$（ただし $e^2+f^2=r^2$）、

とおく。

そして4点A、B、C、Dの座標を求める。

$$\mathrm{A}\left(r,\ \frac{r-ar}{b}\right)$$

$$\mathrm{B}\left(\frac{r^2(d-b)}{ad-bc},\ \frac{r^2(a-c)}{ad-bc}\right)$$

$$\mathrm{C}\left(\frac{r^2(f-d)}{cf-de},\ \frac{r^2(c-e)}{cf-de}\right)$$

$$\mathrm{D}\left(r,\ \frac{r-er}{f}\right)$$

これ以上はどんどん式が複雑になっていくので省略するが、この後、線分ACの中点と線分BDの中点の座標を求めてその2点を通る直線の方程式を求めると、それが原点Oを通っていることが確かめられる（つまり定数項が0になるのである）。

しかし、このような解き方は、「計算も論理もない数学をやりたい」という潔の流儀であるはずがなかった。この黒板いっぱいの解答（証明）を見た潔はその生徒に、「ぼくは誤りを見つけるのがごく下手だから、この長い証明を調べて、よしこれでよろしいといっても、それは少しも解答が正しいということにはならない。だから見ないが、いくらなんでも、もう少し巧い解き方がありそうなものだ」と言った。

ところが、その場はそれですんだが、そう言ってしまった手前、その「もう少し巧い」解き方を示さなければならなくなってしまった。それで、潔はしばし研究の手を休めて、この「ニュートンの定理」に取り組んだのであった。そしてその結果、納得のいく解き方を見つけた。それはどんな解き方だったのか、潔自身はこんな風に語っている。

その解き方であるが、話せばおわかりになる方もだいぶんおられると思うから、いうことにする。

この問題はどこから手をつけて図を描くかということが問題なのである。初等幾何学的に描こうとすれば描く順序が決まってしまう。学生はこのとおりの順序に式を描いていったのである。ところが、解析幾何の高等数学たるゆえんの一つは、想像をまじえても図が描けることである。それで描く順序はかなり自由になる。

それで初めにいったように、どの順序に描こうかなということになるのであって、このころからほのぼのとおもしろくなる。

結果をいえば、これは外接四辺形を先に描けばよいのであって、それが円に外接していると想像するのである。

この想像が可能なためにはいくつかの条件がいる。この条件の表わし方について、少し慣用の技巧を使うと、その中に、二つの対角線の中点を結ぶと、その円の中心を通らなければならないというのがある。証明は二、三行ですむのである。やってごらんになりませんか。(『月影』より)

潔は「話せばおわかりになる方もだいぶおられると思う」とか、「やってごらんになりませんか」と言っているが、いったい誰がこんな風に証明できるのだろうか。おそらく潔の言うような証明ができる者はまれであろう。

それはともかく、潔の講義はこんな風だったのである。

研究テーマ

さて、二年間睡眠薬中毒の後遺症に苦しんだ潔であったが、三年目頃からようやく立ち直りの気配を見せた。そして、それまでのブランクを一気に取り戻すべく、猛烈に勉強をし始めた。

当時の京大数学科には、

「講師にして二年間に論文を書かなかったら助教授として残さない」

という内規があったという。潔がそれを知っていたかどうかは分からないが、何か肌で感じるものがあったのかもしれない。もちろん、そんな内規とは関係なく、研究者としてスタートを切ったにもかかわらず、なにもしていない自分に対して焦りを感じていたことは事実だろう。だから、後遺症が癒えた潔が猛然と勉強し始めたというのは、当然のことでもあったのだ。

研究の方向はだいたい決まっていた。それは、すでに述べてきたようにリーマンの続きをやろうというのである。しかし、その具体的な方針というものがなかなか見えてこないのであった。そのへんの事情を簡単に展望してみることにしよう。

数学においては、古来から代数学、幾何学、解析学というのがその大きな柱として研究されてきた。解析学が飛躍的に進歩したのはニュートン（一六四二～一七二七）とライプニッツ（一六四六～一七一六）による微積分の確立からであろう。そこには有限の世界から無限の世界への大きな飛躍があったのである。そして、それがさらに大きな世界へ広がっていくのに重要な役割を果たしたのが複素数というものの考案であった。最初は、

「実在するかどうかわからない」

という意味で「虚数」などと呼ばれて蔑まれていたこの数は、オイラー（一七〇七～一七八三）やガウス（一七七七～一八五五）などの研究によって完全に数学の世界に根を下ろした。そして、当然の帰結として、複素数を変数とする函数というものが考えられるようになってきたのである。

その複素函数の研究を押し進め、一つの体系にまで仕上げたのはコーシー（一七八九～一八五七）の功績であった。そこでは実変数の函数においては見ることができなかった興味深くて極めて美しい理論が展開されていくのである。

その土台の上に立って一変数解析函数論を完成させたのがリーマンであった。リーマンは解析函数の概念を深く考察し、独自の「リーマン面」というまったく新しい考えを導入して一変数の一般函数論というものを建設したのであった（その研究の第一歩となったのが学位論文である「一つの複素変数の函数の理論の基礎」であったことはすでに述べた）。

なお説明を加えれば、複素函数（複素変数で複素数値をとる函数）は、それが定義されている領域の各点で複素微分可能なとき「正則」と呼ばれ、正則函数は局所的にベキ級数で表され、解析接続が一意的に行なわれる。このような性質を「解析的」と言い、このような函数を「解析函数」と呼ぶのである。

さて、それを受けたワイエルシュトラウス（一八一五〜一八九七）は、それらの理論を多変数に拡張しようとしたのであった。それは非常にやっかいな問題であったのだが、ワイエルシュトラウスはその難しさには気づいておらず、

「多変数解析函数の単葉存在域（単葉とは複素数の空間$\mathbf{C}^n$内の領域のことを言う）は任意である」

と言明した。しかしこの主張は後に完全に否定されることになるのである。

このように、一変数においては「平坦な野原みたいなもの」であった解析函数についての問題は、多変数になった途端に、その最も基礎的な所からして「俊険なる山岳地帯を思わせるような世界」になってしまうのであった。しかし、リーマンに倣って多変数函数論を展開しようとするなら、まず多変数の一般函数論を建設しなければならず、そのためにはこの存在に関しての問題というのは避けては通れないのである。

この問題に関する研究の端緒となったのは、F・ハルトッグスによる、

「内分岐しない正則域は擬凸状である」

ということの発見であった（一九〇六年のことである。ただし、ハルトッグス自身は「内分岐しない」という言葉は用いていない。次のレヴィも同様である）。そして、それに続いて一九一〇年にE・E・レヴィが、

「内分岐しない一般の有理型函数の存在域もまた擬凸状である」

ということを発見した。ここに、ワイエルシュトラウスの言明は完全に否定されたのであった。

しかし、その後これらの問題に関する研究は混沌を極めた。そして、潔の出番を待たねばならなかったのである。

模索

さて、話を潔の講師時代に戻そう。猛烈に勉強を始めた潔ではあったが、漠然と、

「リーマンの続きをやろう」

とは思っていたものの、明確な問題は何もつかんでいなかった。多変数解析函数論における「俊険なる山岳地帯」は、まだ霧におおわれたままだったのである。

それでも猛烈に勉強したおかげで、数々の発見（それは後の潔の業績からすればごく小さな

ものであったかもしれないが）もあり、それに伴う「発見の鋭い喜び」も何度か味わっている。それを一、二あげてみよう。

潔とミチは、この頃京都市下鴨にある植物園の前に住んでいた（潔はこの植物園の中を歩き回りながら考えるのが好きだった）が、ある日潔は何かのことでミチと口論になり、家を飛び出してしまった。研究に没頭している時の潔は、ぐずぐずしていたかと思うと、急に短気になって怒鳴ったり、と、かなり気難しかったようだが、この時も何か小さな衝突があったようである。

家を飛び出した潔は、大学の近くにあるいきつけの理髪店に行った。ところが、耳をそうじしてもらっている時、突然ある事実に気づき、証明のすみずみまでわずか数分の間に完成させてしまったのであった（もちろん頭の中でである）。これも前述した「インスピレーション型」の発見である。つまり、研究の対象にずっと向けられていた緊張が耳のそうじで緩み、その最も弛緩した瞬間に発見という現象となって現れたのである。

もう一つは、島原の知人の家で二週間ほどを過ごした夏休みのことである。もうすぐ帰るという頃になり、車で雲仙岳を案内してもらっている時、あるトンネルを抜けてそれまで見えなかった海がパッと眼下に見えた瞬間、その頃ぶつかっていた難問が解けてしまったのである。これも、それまでの二週間という間ずっと考え続けるという緊張があり、そ

れが、視界が突然開けたことによって心の中に隙間ができた。そこから草が芽を出すように難問の答が出てきたのである。潔は、

「自然の美と発見とはよく結びつくものらしい。自然の風景にふっと気移りしたときに連続していた意識に切れ目ができ、その間から成熟を待っていたものが顔を出すらしい」

と言っているが、この例はまさしくその言葉を証明しているような体験と言っていいだろう。

さて、このように、潔は小さい発見はいくつかしていたのである。それらを小まめに論文にまとめて発表していけば、それはそれで立派な数学者として評価され、助教授、教授という順調な道を歩めたのかもしれない。しかし潔は、そういう「処世術」的な研究姿勢はとらなかった。潔は構想のない数学を嫌ったし、論文も完璧でなければならないことはもちろん、それによって新たな意義のあるものを創造するようなものでなければ発表しなかったのである。潔がこの頃のことを振り返って、

「何をどのようにしてやっていけばいいのか、まったくわからなかった。もっとも、そこらの教授方のやっておられる程度のことで満足するのならば簡単なのだけれど」

と言っているのはそういう意味なのである。

こうして潔の講師生活も四年目に入った。研究面においてはフランスのガストン・ジュ

リア（パリ大学教授）の論文を手がかりに、ある定理を証明するという成果もあった。ちなみに、その論文は結局発表されなかったが非常に美しい定理であり、潔はタイプライターで打ったものを紫のリボンで閉じてとっておいたという。

しかし潔は、このまま京大にいてもそれまでの閉塞状態からは脱することができない、と思うようになっていた。もちろんそうは言っても具体的にどうしようというところまでは考えていなかったのだが。ところが、そこへ文部省から給費留学生の話が来た。当時、日本の各地に新しい大学を造ろうという動きがあり、文部省ではそのための教員養成事業の一環として給費留学生制度を施行していたのである。おそらく各帝国大学に割り当てがあったとおもわれるが、これは京大としては、講師になって何年もたつのに論文を書かない潔を他の大学に移すいいチャンスであった。

しかし、それは同時に潔にとっても願ってもないチャンスなのであった。潔は即座にその話を受諾し、フランス行きを希望した。パリ大学でジュリアの講義を聴きたかったからである。これに対して文部省は最初ドイツに行くように言っていた（まさにお役所仕事と言うべきであろう）が、結局は潔の希望を受け入れたのであった。このことに関して潔は、

「どの人がしゃべったかが大切なのであって、何をしゃべったかはそれほど大切ではない」

と言っている。これは、役人だけでなく我々一人ひとりが覚えておかなければいけない言葉ではないだろうか。

フランス留学

さて、こうして一九二九（昭和四）年四月、二十八歳の潔はインド洋回りの北野丸という船でフランスに向けて旅立った。単身での出発であった。本当はミチも連れていきたかったのだが、当然文部省からその費用が出るはずもないし、実家に頼るわけにもいかない。それに、ちょうどこの頃ミチの父親が病に倒れ、ミチが実家に帰ってその面倒を見るというのが最も良い形だったという事情もあった。

潔は出発の直前微熱があったが、そんなことでせっかくの留学がおじゃんになってしまっては何にもならない。そこは医者に頼み込んで船に乗り込んだ。当時は、今から思えばのんびりした時代であった。日本を出発してフランスに着くまでに四十日もかかって行ったのである。潔の乗った北野丸の船長は、乗客の安全を第一にするよりも、少々危険でも本当に面白い所を見せてくれるというタイプだったようで、事故を起こしたこともあった。この航海でフランスに着いたら、その事故の海難審判を受けることになっていたということである。そういう意味では、スリルのある退屈しない航海だったと言えるのかもしれない。

しかし、そうは言っても船上では暇である。潔は、船長を初め、ドクターや乗組員たちにかわいがられ、毎日遊び暮らした。碁、将棋、マージャンなど、相手変われど主変わらず、という感じで、遊び以外にしたことは食べることと寝ることと風呂に入ることだけだったというから、それは徹底した遊び方だったことがわかる。

ところが面白いもので、そんな生活をしているうちに、潔の体調はすっかり良くなってしまったのである。それまで先の見えない研究という閉塞状態の中にいたのが一気に解放されたせいだった。潔自身は、

「交感神経的生活から副交感神経的生活に切りかえたことで、失われていたバランスが自然に回復されたのだろう」

と言っている。潔の言葉で少し説明してみると、交感神経的生活をしている時には、

「数学の研究でいえばじわじわと少しずつある目標に詰め寄っているときで、気分からいうと内臓が板にはりつけられているみたいで、胃腸の動きはおさえられている」

それに対して副交感神経というのは遊びに没頭するとか、何かに熱中している時に活動するものであり、これが主にはたらいている時には、

「調子に乗ってどんどん書き進むことができる。そのかわり、胃腸の動きが早すぎて下痢

をする」

というのである。

ともかく、この四十日間の船旅は、潔にとって非常に快適なものであった。

さて、この航海の中でどうしても触れておかなければならないことがある。それはシンガポールに立ち寄った時のことである。この時の経験についていて潔はいくつかの著書の中に書いている。非常に重要なものなので何度くり返してもいいと言って書いているのである。我々もそれを読んでみることにしよう。

一九二九年の晩春、私は日本を発ってフランスへ渡るため、インド洋を船で回る途中、シンガポールで上陸して独りで波打際に立っていた。

海岸には高いヤシの木が一、二本ななめに海に突き出ていて、ずっと向こうの方に床の高い家が二、三軒あるだけの景色だった。私は寄せては返してうまない波の音に、聞き入るともなく聞き入っていたのだが、不意に何とも名状しようのない強い懐しさの気持にひたってしまった。これが本当の懐しさの情なのだといまでも思う。土井晩翠が「人生旧を傷みては、千古替らぬ情の歌」とうたったのも、この気持にほかならない。

(『春風夏雨』より)

これは潔にとって、

「生涯というアルバムにたった一枚しか貼られていない印象」

と言っているほど強烈な経験であった。後に潔は、この時に味わった「懐しさ」というのがどこから来ているのかを追究し、

「日本民族の中核は、今から三十万年ほど前に他の星から地球にやって来て、それから地球をぐるっと回って最終的に日本列島に落ち着いた」

という実に大胆な仮説を立てて、その時に通った場所であるがゆえに懐かしいのだ、と言っているのである。

中谷治宇二郎との出会い

潔はフランスのマルセイユ港に到着した。そこからパリに向かうことになるわけだが、この時同行者が二人いたようである。二人とも文部省の留学生だったが、そのうちの一人はMといって京大出身の研究者だった。そのMと一緒にパリの日本旅館に一泊した潔は、翌朝パリの南門ポルト・ドルレアンの学生街にあった薩摩会館に行った。そして、そのまま薩摩会館の三階に部屋を借りたのであった（文部省は住む所の世話はしてくれなかったのだ

ろう か)。その決め手になったのが、この薩摩会館に雪の研究などで高名な物理学者、中谷宇吉郎が下宿していたことであった。それは、同行者のMが中谷のことを知っており、

「中谷君がいる、中谷君なら良い」

と言ったからであった。なぜ、京大のMが東大の中谷を知っていたのか、それはMが潔に語ったところによるとこんな事情からであった。

M君は京都帝国大学にいたのだが、東京の理研へ行くと、若い連中がテニスをしている。M君はものをたずねる。連中はそれを黙殺して、理研ではテニスさえしておれば俸給をくれるだの、俸給はほかの大学の助手の倍はあるだの、君もそんなものをやるよりテニスを稽古してここへ替わり給えだのと、口々に言う。M君は語を継いで、ところが中谷君一人は、連中にまじっているときでも、一度も僕を小馬鹿にしたような目の色を見せたことがない。それだけではなく、細々と気を使って、僕がたずねなかったことまで丁寧に教えてくれる。若いのにあんな親切な人は見たことがない。(『春風夏雨』より)

ここに書かれていることが本当だとしたら非常に残念なことである(まあ、しかし本当なのだろう)。だが、それが本当であるかどうかを検証することは我々の目的ではない。それ

よりも、潔の行動を追おう。

潔はさっそく三階に上がり、中谷の部屋を訪ねた。ノックすると、ちょうど中谷は部屋にいた。そして、ドアを開けるとそのよく光る、それでいて微笑を含んだ目でじっと潔の顔を見た。

「不思議な人だなあ。まるで木下藤吉郎のようだ」

と潔は思った。しかし、その寸分のすきもない物腰の中にある恐さと魅力にいっぺんにひきつけられてしまったのであった。一方、中谷は中谷で潔に対して何か特別のものを感じたようである。潔はすぐに中谷の部屋の筋向かいに部屋を借りた。それから潔と中谷の長いつきあいが始まったのである（二人の親交は中谷の死まで続くことになる）。

しかし、中谷はそれから一か月半ほどしてベルリンに移ることになった。フランス留学時代の潔と中谷のつきあいはわずか一か月半だったのである。それに代わって登場してきたのが、中谷の弟・治宇二郎であった。そして、治宇二郎こそ潔のフランス時代の最も重要な人物だったのである。

治宇二郎は考古学を専攻する学者で、潔よりも二週間ほど遅れてパリに着いた。そして、中谷の部屋の一つおいて隣り、つまり潔の部屋のもう一方の筋向かいの部屋に入ったのであった。

中谷がベルリンに去ってから、潔と治宇二郎は急速に親しくなっていった。そして、潔は中谷以上に治宇二郎にひかれたのであった。年は潔の方が一つ上であったが（ちなみに中谷は潔より一歳年上であった）、潔は次第に治宇二郎から離れられなくなってしまったのである。治宇二郎の方も潔とウマが会い、出会って間もないのに二人は親友としか言いようがない関係になっていったのであった。

二人は「音叉が共鳴し合うように」語り合った。その内容はほとんど学問に対する様々な抱負であった。潔も治宇二郎もともに自分のやっている学問に理想や抱負を持っており、それを語って飽きることがなかったのである。

二人のそんな生活は翌年、妻のミチが合流して来るまで続いた。そして、ミチが合流してからも二人の関係は変わらなかった。いや、ますます親しさを増したと言ってもよかったのである。

ミチは一九三〇（昭和五年）二月にフランスにやって来た。看病していた父親が亡くなり、その際、

「わしが金を出してやるから、お前はフランスに行け」

という遺言を残してくれたおかげでフランス行きが実現したのであった。前年四月以来十か月ぶりの再会であった。この時のことを潔はこう言っている。

父を失い、その遺言で一年ぶりに私を尋ねて一人旅して、やっとフランスに着いた妻は、マルセーユまで迎えに行った私にすがりつきたいような気持だったらしい。私はホテルを決めて荷物をあずけると、空の青い、景色も建物もきれいなこの港町のそこここを二人で見物し、私は一等できたのだが、妻は二等できたのだというから、二等の食事のことは聞いていたから、夕食には世界に鳴り響いているこの町の魚料理を二人で食べた。私もおいしかったが、妻はいっそうおいしかったらしい。すっかり新婚気分を新たにした私たちは、翌日ニースへ向かった。(『一葉舟』より)

ニースに一週間ほどいてパリに戻った二人は、しばらくパリ大学前のホテルに泊まった後、治宇二郎の探してくれたパリ近郊のサン・ジェルマン・アンレーという、眼下にセーヌ川を見下ろす高台の美しい町にある食事つきの下宿に移ったのであった。この下宿では、潔たちの部屋の真上に治宇二郎の部屋があり、潔が天井を棒でこつこつと突くと、その合図を聞いた治宇二郎が上から降りてきて三人で夜が更けるまで語り合う、というような生活ぶりであった。

また、三人はカルナックという巨石文化のある村に避暑に行ったこともあった。その時の様子を見てみよう。

巨石文化というのは、大きな石がいろいろ並んでいるのである。治宇さんは磁石と巻尺と地図とで何か測っている。私は巨石の一つによりかかって、モンテルのファミーユ・ノルマール（正規族）を読んでいる。妻は治宇さんについて行ったのだろう。空は青いし空気はおいしいし、野は緑深いし、風は涼しいし、正規族はおもしろく読める。しかし、あまり私の中心の問題とは関係がなさそうである。私はむしろ、私がまのあたりに見た二つの情景、フレッセ、ダンジョア両教授と小島の貝塚とのほうが、この中心の問題、すなわち第一着手の発見に役立ちそうに思った。あたりは全く静かである。私たちはしばらくして、妻の手作りのお弁当を食べた。私の連想はまだ続いている。治宇さんの兄さんの宇吉郎さんから聞いた、その先生の寺田先生の実験法の中では、箱庭式実験法という文字がなんだかおもしろい。静かなカルナックの夏のお昼過ぎである。（『一葉舟』より）

この頃、潔とミチは、「おミッちゃん」、「きょっさん」と呼びあい、治宇二郎のことは「じうさん」と呼んでいたようである。潔は治宇二郎ともっと長く一緒にいたいという理

上／親友・中谷治宇二郎とともに(左側が潔)。
この人が生きている間は
数学に身が入らなかったという。
下／妻・ミチの作った弁当を食べる潔と治宇二郎。

由で留学期間を二年から三年に延ばしてもらった（もちろん文部省には別の理由を言ったのだろうが）ほど治宇二郎にほれ込んでいたが、それはミチも同じなのであった。

問題設定

そんな生活をしながら、潔の研究はどうなっていたのだろうか。潔が留学したのがパリ大学であったことはすでに述べたが、この大学はかつてポアンカレがいたところで、その数学教室はアンリ・ポアンカレ研究所と呼ばれていた。ここでは学生は三種類の学習ができるようになっていた。講義を聴くこと、図書館で図書を見ること、そして試験を受けることの三つである（それぞれのものに対して授業料を払わなければならない。しかし入学試験というものはない）。

講義に関しては教科書が決まっており、グルサーの『解析学』（三巻本）とカルタンの幾何学の教科書であった（グルサーの教科書は、前半が連続函数、後半が解析函数について書いてあるという）。

しかし、潔が最も活用したのは図書館の利用であった。潔は図書館に行くとその書架の配置図をしばらく眺めてから中に入ったという。それは、

「その図書館の中から自分にとって必要なものはすべて掘り出すぞ」

という決意の表われなのであった。

潔はそこで、ファブリー、ハルトッグス、E・E・レヴィ、ジュリア、H・カルタンなどの論文に取り組んだ。そして一年ほどの格闘の結果、多変数解析函数論の最も基礎的な所に非常に重要な問題が横たわっていることをはっきり認識するに至ったのである。潔はある著書の中に、

「私が多変数解析函数論の分野を研究の対象にしようと決めたのは一九三〇年であった」

と書いている。それまで漠然とリーマンの続きをやろうと思って習作の論文も二つほど書いてあったが、ここで一生を懸けて開拓していく土地としての多変数解析函数論の分野が見つかったということなのである。

そしてそれは、

「内分岐しない擬凸状領域は正則域であるか?」

という問題につながっていく。これは、一九〇六年にハルトッグスが証明した、

「内分岐しない正則域は擬凸状である」

という発見の逆命題であるが、潔がこれを肯定的に証明しようという目標を立てたのは一九三五(昭和十)年であった。これは非常な難題であったが、この「ハルトッグスの逆問題」に注目したことは潔の非凡さを十二分に物語るものであった。

さて、話が少し先走りしてしまったので元に戻そう。目標を定めた潔がどんな風に研究をしていったかということは非常に興味深いことであろうが、それは天才のみが感得することであって、我々凡人の知り得るところではないのかもしれない。ただ、我々は潔の研究のスタイルがどんなものであったのかは知っておくべきではないだろうか。

潔にその研究方法を教えたのは中谷宇吉郎であった。中谷がわずか一か月半ほどではあるが潔と非常に親密なつきあいをしたことはすでに述べた。その短い間に中谷は潔に極めて重要なことをいくつか教えていたのである。その中で最も重要なのは、

「数学について書いたことはみな日付を入れて残しておきなさい」

という教えであった。潔はこのやり方を終生やり通したのである。

具体的に言うと、朝起きてその日の研究テーマを定めると、レポート用紙に、

「○月○日　○○について考える」

というようなことを書く。そしてそのことについて考え始める。神経を集中させるのである。当然いろいろな考えが頭の中をめぐることになるが、その中の重要なことや、一応まとまった考えに至ったようなものを次々に書きとめていく。つまり、潔がレポート用紙に書きとめていくのは数学のスケッチなのである（潔は計算はほとんどしないか、しても暗算でやったので、このスケッチの中に計算式は登場しない）。そういうスケッチが一日平均三枚ほど

になる。それを毎日くり返すのである。

そのやり方を伝授されたせいか、潔はこの留学時代に二回ほど発見をしている。

セーヌ川に沿ったパリ郊外の、きれいな森のある高台に下宿していたが、ある問題を考え続けながら散歩しているうち、森を抜けて広々としたところへ出た。そこから下の風景をながめていたとき、考えが自然に一つの方向に動き出して発見をした。もう一つはレマン湖畔のトノン村から対岸のジュネーブへ日帰りで見物に行こうと船に乗ったときで、乗ったらすぐわかってしまった。（『春宵十話』より）

これらの「発見」は発表もされていないし、後に岡潔の業績として世に知られるようになったものにくらべれば小さなものであった。しかし、これら（留学前のものも含めて）が発表されていればそれだけで立派な数学者として評価されていただろう。極端に言えば、潔が一日に書く三枚のスケッチは、それをそれなりの体裁に仕上げれば一つの論文になるほどのものだったのである。しかしそれをしなかったのは、潔の志の高さと問題解決への並々ならぬ決意を物語るものであるということを再度強調しておきたいと思う。

また、潔が学位というものに全く関心がなかったということも特筆しておきたい。留学一年目に研究のテーマを見つけた潔は、二年目にはジュリアの特別講義を聴くことにした（個人的に論文をもらったりもした）。しかし、ついに学位論文の審査を受けることはなかった。潔にとっては研究そのものが大事なことなのであって、学位などどうでもよかったのである。

ただ、それだからと言って研究が順調に進んだわけではなかった。ある時、ある一つの結果が得られたと思ってそれを論文にまとめ、ソルボンヌ大学のフレッセ教授に見せた。するとフレッセ教授は同じパリ大学のダンジョワ教授を連れてきて潔に紹介した。ダンジョワは潔の論文を読むと、黙って隣室に行き、『コント・ランジュ』という科学雑誌を持ってきて潔に見せた。するとそこにはダンジョワ自身が書いた論文が掲載されており、潔と同じテーマを扱いながら、まったく正反対の結論を出してあったのである。それを見た潔は耳まで真っ赤になり、テーブルに顔をふせたまま上げられなかった。フレッセはそんな潔に、

「ダンジョワはこの方面のオーソリティなのだから」

と優しく慰めの言葉をかけ、ダンジョワと一緒に部屋を出ていったのであった。若い頃の潔にはこんな失敗もあったのである。

こうして、潔はそれから生涯を通して研究していくことになるテーマを見つけ、研究の

やり方も確立した。しかし、設定された問題はあまりにも大きく、問題の設定はそのまま苦悩の始まりなのであった。

日本の心

再び生活面に話をもどそう。楽しい生活を送っていた潔、ミチ、治宇二郎の三人であったが、留学三年目に大きな変化が起きた。治宇二郎が病にたおれてしまったのである。治宇二郎はもともと体が丈夫でなかった上に、研究のことで無理をして肺を患ってしまったのであった。この時の病状はかなり重かったようで、医者は潔に、

「日本の家族に電報を打った方がよい」

と言ったという。

それで潔が本当に連絡したかどうかを知る資料はないが、潔とミチは治宇二郎のためにあらゆる援助を惜しまなかった。そして、治宇二郎がローザンヌ（レマン湖畔にあるスイスの町）のサナトリウムに入り、再び出て来てからも、今度はローザンヌの対岸にあるトノンという村（フランス領内）に別荘を借りて、自炊しながら三人で住むことにした。治宇二郎の健康を考えてのことである。この頃ミチは身重の状態であったと思われるが、食事の世話などかいがいしく治宇二郎のために尽くしたのであった（買い物には潔が行ったよう

である)。

ところが、治宇二郎というのは本当に学者魂のかたまりのような人で、ちょっと健康状態が良くなるとすぐに無理をしてしまうたちだった。それで今度は脊椎カリエスになってしまったのである。

今度は潔も治宇二郎と一緒に生活することをあきらめなければならなかった。そもそも留学の期間が終わろうとしていたし、ミチは身重であったからである。結局、潔、ミチ、治宇二郎の三人は一九三二(昭和七)年春、インド洋回りの船で帰国することになったのであった。夢のようなフランス時代はこうして終わりを告げた。おそらく潔とミチにとって、このフランス留学時代ほど楽しかった時はその後の生涯の中ではなかったに違いない。特にミチにとっては、帰国してからは苦しみの連続が待っていたのである。

話を少し前に戻そう。留学二年目の一九三〇年に研究テーマを定めた潔であったが、それをどのようにやっていったらいいのかさっぱりわからなかった。それは、治宇二郎とのつきあいのことに夢中で、精神を研究のこと一本に集中できなかったというのも大きな理由であった。実際、潔は、

「私はこの人が生きているうちはただ一緒にいるだけで満足し、あまり数学の勉強に身が入らなかった」

と言っているほどなのである。

しかし、研究が進まなかった（進めなかった）理由は、他にもあった。いや、それが本当の理由だったのである。それは、自分の設定した問題は、いわゆる数学的な論理をいくら積み重ねていっても解決できないということを潔はすでにこの頃わかっていたのである（それが「計算も論理もない数学」なのである）。それで潔はその解決の手掛かりをフランス文化の中に求めてみた。しかし、どうもフランス文化の中に求めるものはないようであった（ただ、帰国直前に観たマチスの展覧会だけは参考になったようである）。

そんな折、満州事変が起きた（一九三一年のことである）。おそらくこれが日本が太平洋戦争に向かっていく第一歩だったのかもしれないが、フランスでも日本に対する非難は相当なもので、潔は実に面食らったようだ。その時の様子を潔は次のように書いている。


レストラン兼食堂のような所で食事をしていると、入ってくる外国人がいちいち「お前たち日本人はなぜこういうことをするのか。それともなにか理由があるのならいってみろ」というので、理由がほしかったのですが、なにしろないからこの方は答えられない。「私にも事情はわからないが、あなた方のいう通りどうも日本が悪いようだ」。精いっぱいそれくらいしか答えられない。しかし私にしてみれば、日本がどういうことをし

ているかの見当はついていたので、そういうことをして平気でいる日本の国のことが心配になった。(『日本のこころ』より)

しかし、このことが潔に日本というもの、そして「日本の心」というものを考えさせるきっかけになったのであった。もちろん、そうは言ってもフランスにいて日本のことを詳しく調べることができないのは当然である。潔は、日本から『芭蕉七部集』、『芭蕉連句集』などを送ってもらっていろいろに調べてみたが、フランスにいる間にはよくわからなかった。本格的に日本のことを調べ始めたのは帰国してからのことだったのである。

帰国

こうして潔は、一九三二(昭和七)年の五月に帰国した。一緒の船に乗ってきた治宇二郎は脊椎カリエスの療養のため、九州の湯布院に伯父を頼って行った。それまで生活を共にしてきた治宇二郎とわかれることは潔にとってあまりにもつらいことであった。

帰国した潔を待っていたのは、広島文理科大学(現在の広島大学教育学部)への転勤であった。潔は留学直前の一九二九(昭和四)年四月に助教授に昇格していたが、留学前にも留学中にも論文を一つも発表しなかった(この昇格は、他の大学に行くための箔つけという意味合いなのであった)。実は、留学前に書いてあった論文(紫のリボンで閉じたもの)をフランスで発表しようと思っていたが、発表する直前になって急にまだ意に満たない点が残っているような気がしてやめてしまったのであった。

潔とミチは広島市内の大学の近くに住むことになり、帰国後あわただしく引っ越しが行なわれた。だが、身重のミチはすぐに広島には行かず、大阪の姉のもとに身を寄せてお産をすることになった。だから、最初潔は単身赴任だったのである。

それから二か月後の七月二十一日、長女のすがねが生まれた。潔は大いに喜び、斎藤茂吉の、

菅の根の　ながき春日を文もよまず　繪を描き居れば　眠むけくもなし

という歌からとって「すがね」という名前をつけた。

研究の方は思うように進まなかった。テーマは決まっているものの、いったい何をどうやっていったらいいのか、その糸口がさっぱりつかめなかったのだ。これは研究する者にとっては最も苦しいことだろう。そして、それに加えて新たな問題が持ち上がった。それは講義に身が入らないということであった。留学前の四年間も京大で教鞭を執っていたの

だから、教えるということについては初めての経験ではなかった。しかし、京大講師時代は、まだ本格的な研究に取りかかっていなかったので、教えることがそれほど苦痛ではなかったのだが、広島では、もうはっきりした研究テーマは決まっており、それにすべてを集中したいと思うがゆえに講義はまったくやる気がしなかったのである。

いつまでたっても論文を発表しない、講義はまじめにやらない、となれば、潔の評判が悪くなるのは当然であった。学生にはストライキ（ボイコット）されるし、おそらく数学科の教授からもいろいろ言われたに違いない。しかし、それでも潔は講義をまじめにやることで研究に対する力（集中力）を分散させる気にはならなかった。どんなに評判が悪くなろうとも、研究第一（というより、研究がすべて）というやり方を変えなかったのである。

そんな潔の心を癒してくれるのは、湯布院の治宇二郎だけだった。潔は夏休みになると湯布院に出かけて行き、治宇二郎の病床で来る日も来る日も飽きずに学問に対する抱負や理想について話し合ったのであった。このテーマはフランス時代から一貫して同じだったことだろう。そして、その話題についてくり返し話すことによって潔は研究に対する活力を得ていたのではないだろうか。

こうして、広島文理科大に移って二年が過ぎた。その（一九三四年の）夏休み、潔はいつものように湯布院に向かった。ミチとすがねも同道して近所に部屋を借りて滞在し、例によって治宇二郎と尽きせぬ話をしていたのである。ところが、そこですがねが急病になり、滞在を切り上げて広島に帰ることになったのであった。この時治宇二郎は、

サイレンの　丘越えてゆく　別れかな

という句を詠んだ。これが、治宇二郎との永遠の別れとなった。潔は翌一九三五年の夏を北海道で過ごし、次の一九三六年三月に治宇二郎は他界したからである。

第一の発見

そんな生活をしながらも潔は少しずつ研究を進め、一九三四（昭和九）年の暮れにはおよそ百五十枚の論文がほぼできあがっていた。しかし、その流れを大きく変えてしまうような出来事が起きた。ドイツでベンケ＝トゥルレン共著の『多変数解析函数論について』という本が出版されたのである。

この本は、多変数解析函数論における詳細な文献目録で、特に一九二九年頃から後の論文は細大もらさずあげてあった。潔がこの本のことをどうやって知ったのかはわからないが、当時の広島文理科大には潔が調べたいような文献はなく、どうしても調べなければな

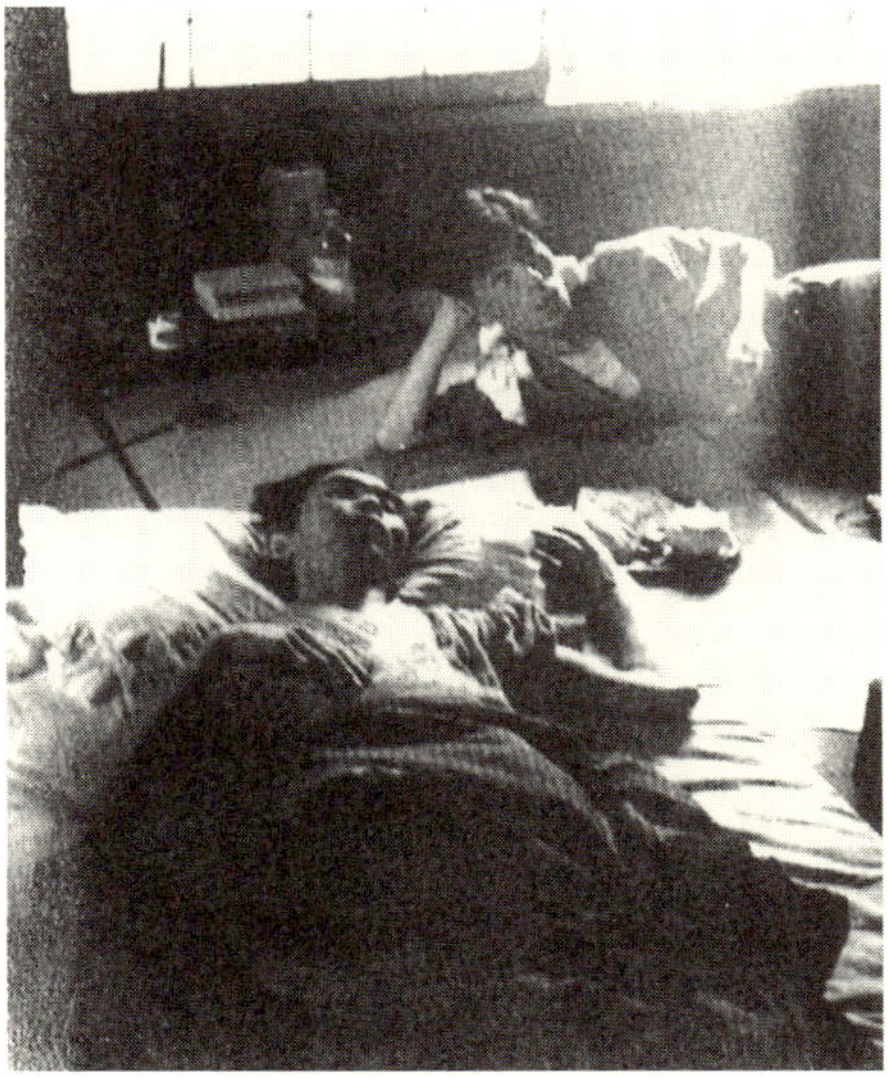

湯布院で療養中の中谷治宇二郎を見舞う。
学問に対する抱負や理想について語り合った。

らない時には京大か阪大に行かなければならなかったようであるから、このような本が出版されたということは潔にとって実に大きな出来事なのであった。

一九三四年の暮れにこの本を手に入れた潔は、翌一九三五（昭和十）年の一月二日から詳細に読み始めた。そして、まず問題の困難の姿を精密に知るという仕事を始めた。もうすぐ完成するところだった論文については、中心的な問題を扱ったものではないということがわかったので、それ以上続ける気がしなくなり、要約だけを発表することにした。

この仕事を始めてからの潔は、同僚から、

「君の学校に行く足どりは近ごろ急に軽くなった」

と言われるほどいきいきしていた。そして、その仕事はおよそ二か月ほどで終わった。潔は、自分の前にそびえ立つ問題をくっきり見極めることができたのである。具体的に言うと、三つの中心的な問題が未解決のまま残されていることを明瞭に認識したのであった。その三つとは、クザンの問題、近似の問題、そしてハルトッグスの逆問題である。

ここで注意しておきたいのは、ベンケ＝トゥルレンの本の中にこの三つの問題が整理された形で書かれていたわけではない、ということである。前述のように、この本は文献目録的な本であったので、その中からこの三つの問題を読み取ったのは潔の卓抜なる創造力なのであった。

それともう一つは、潔がこの三つの問題を一人で全部解いてしまおうと思ったことである。後にものべるが、この三つの問題は多変数解析函数論における「三大問題」と言われ、一つ解いただけでもその名が後世に残るほどの難問なのである。それを一人で全部解決しよう、というのはとてつもない考えなのであった。しかし潔は、それを大まじめに考えていたのである。

まず潔が取り組んだのは「クザンの問題」であった。しかし、その立ちはだかる姿ははっきり見えているものの、それにどう着手していいのかということはまったくわからなかった。言ってみれば、そこにそびえ立つ山の姿は明確にみえているが、どこから登り始めたらいいのかがさっぱりわからなかったのである。しかし、潔は毎日この問題に取り組んだ。その様子は次のようであった。

私はどんな小さな手掛りでもよいから発見したいと思って、くらがりで物を探り当てるような探索をはじめた。私の連想力、想像力、構想力を総動員していろいろ「実験」した。実験とは、数学的自然がもしそうなっているなら、この特別の場合はこうでなければならないはずである、と思索の中で追いつめておいて、その特別の場合を具体的に調べてみることである。

これを始めたころは楽しかった。日曜日など、今日一日はすっかり自分の時間だと思って、学校の部屋の電気ストーブにスイッチを入れると、石綿が赤くなるとともにチンチンと音がする。「実験」はこれまで一度もうまくいったことはないが、それは少しも、今日もうまくゆかないという証拠にならない。そう思っておもむろに新しい構想を立てる。立てても立てても決して成功しないのだが、飽きずにそれを繰返す。そんなことが三月ほど続いた。(『紫の火花』より)

しかし、こんなことが三か月も続くと、もう新しい構想など湧いてこなくなった。どんな無茶な、どんな荒唐無稽な試みも考えられなくなってしまったのである。いや、よく三か月もの間新しいアイデアを出し続けた、と言った方がいいのかもしれない。ともかく「矢尽き、刀折れ」た状態と言ってよく、それでも無理やりやっていると、初めの十分間くらいは緊張しているが、すぐに眠くなってしまうのであった。

潔はこの事態を打開するためにはそれまでのやり方ではだめだということを痛感していた。すなわち数学的な思考をいくら積み重ねてもこの壁は打ち破れないと思ったのである。そこで潔は転居を思い立った。それまで住んでいた町中から、大田川と松山で囲まれた牛田という地区に引っ越したのである。ここは、山ぞいに何軒か家が建っている以外はほとんどが田んぼという所で、その一番高いところの家が一軒空いていたので、思い立ってすぐに引っ越しをしたのであった。

しかし、この打開策も功を奏さなかった。事態は何ら変わらなかったのである。そうこうしているうちに夏休みになった。潔は帰国してからは毎年湯布院で夏休みを過ごしていたのだが、この年はどこか涼しくて数学の文献がある図書室のある所で過ごしたいと思っていた。これは、講義のない夏休みという期間に研究のメドをつけたいと思っていたからで、図書室は今は必要ではないが、なにか発見の端緒がつかめたような時にはいつ必要になるかわからないからである。

そこに北海道大学の中谷宇吉郎から、

「この夏は北海道で過ごしませんか」

という誘いがあった。しかも、単身ではなく家族みんなでどうぞ、というのである。これは、潔にとっては渡りに船の誘いであったわけだが、数学史的にみれば天の配剤であったと言っていいだろう。

七月下旬、潔はミチとすがね（三歳になったばかり）をつれて北海道に渡った。この時、甥の駿一（中学二年生）も同行しているが、そのいきさつは不明である。なお、この時ミチは二人目の子供を宿していた。

潔を招待した中谷はこの頃北海道大学の教授であり、札幌に広い庭のある家を借りていた。その家の裏手に下宿があり、潔一家はそこを夏休みの間借りたのであった。

ここで潔は、理学部の一室を研究用に貸してもらっていた（もと応接室でその頃は講師の阿部良夫の研究室であった）。しかし状況は広島にいる時と同じで、十分もたてばすぐに眠くなってしまい、部屋のソファーにもたれて眠っていることが多かった。それも、一度や二度ではない、夏休みのほとんどをそうやって過ごしたのである。それを見た、当時北海道大学教授であった数学者・吉田洋一の夫人で自身も英文学者であった吉田勝江は、潔に「嗜眠性脳炎」というあだ名をつけたのであった（ちなみに吉田夫人のあだ名は「鋏」であったそうだ）。

こうして夏休みも終わりに近づいた。せっかく一夏をこれ以上ない希望通りの場所で過ごすことができたのにもかかわらず、何の成果もあげることができなかったことは、潔にとってはもちろん、招待した中谷にとっても残念なことであった。中谷は、

「岡さん、札幌は失敗だったね」

と言って潔を慰め、同時に自分に対しても反省を促したのであった。

ところが、もう広島に帰るという九月二日の朝のことであった。潔一家はその日たまたま朝食を中谷邸でよばれたが、潔は朝食が済んでも大学に行く気になれなかった。何かが

こみ上げてきたのである。それで、潔は中谷家の応接間を借りて、そのこみ上げてくるものを確かめたのであった。

しかし、何か予感めいたものはあったが、なかなかその考えは一つにまとまってこなかった。ようやくそれがはっきりしてきたのは二時間もたってからのことだったのである。そして一つにまとまり始めてからは非常に短く、あっという間に細かい内容についてもどこをどうやればいいのかがわかってしまったのであった。

それまでにも潔は「発見の鋭い喜び」というものを何度か経験しているが、今度のものはその中でも最大のものであった。この何日か後に潔は北海道から広島に帰ることになるのだが、その帰りの汽車の中でも、ただただ喜びに満ちあふれた気持ちで車窓を眺めていたのであった。後に潔の発表した「多変数解析函数論について」(原文はフランス語)の最初の五つの論文はこの時の発見を元にしたものである。

こうして潔は、自らが定めた三つの問題のうちの第一番目の問題である「クザンの問題」を解決したのであった。

数学の内容を一般の読者にわかり易く伝えるのは難しい。たとえば、「フェルマーの大定理」ならば、中学生にでもその意味するところはわかるだろうが、潔が解いた「クザンの問題」を中学生や高校生にわかるように説明することは不可能である。いや、それどころか、潔の論文を数学の他の分野の研究者が読んでもわからないということさえあるようなのだ。それが、数学が一般の人たちにとって近寄り難いものになっている大きな原因であろう。また、このようにあまりにも専門分化してしまっていることが本当に数学の進歩と言えるのだろうか、という疑問も提起されているのである。

潔自身は、数学をやって何になるのか、という質問に対しては、

「春の野に咲くスミレはただスミレらしく咲いているだけでいい」

と答えているし、

「こういう世相にあって、のんきな数学などは必要ないと思う方もあるかもしれません。しかし、数学というものは闇を照らす光なのであって、白昼にはいらないのですが、こういう世相には大いに必要となるのです。闇夜であればあるほど必要なのです」

とも言っている。

それで、潔の発見したことを読者に伝えようとすると、どうしてもたとえ話になってしまうのである（しかもそのたとえが適当であるかどうかも疑問なのであるが）。

さて、潔がベンケ＝トゥルレンの本によってそれまで霧におおわれて見えなかった峻険なる山岳地帯の姿をはっきりと見極め、その登り口を捜して何か月も「実験」をくり返し、

ついに何もすることがなくなって眠ってばかりいたことはすでに述べたが、その行き詰まりは当然のことなのであった。というのは、この山に登り口などなかったのである。ないものを捜し求めて行き詰まっていたのである。それでは潔はどうしてこの問題を解決したのかというと、ヘリコプターのようなものに乗って山頂に飛行したのであった。数学的な言い方をすれば、

「次元を高めることによって問題の困難さを緩和できる」

ということの原理を発見したのである。これを潔は「上空移行の原理」と名づけた。

こうして潔は「クザンの問題」を解き、次の「近似の問題」に取り組んでいくのである。普通は一つの山を征服すれば視界が開けるものだが、多変数解析函数論の山脈はそうではなかった。展望が開けるどころか、ますます困難な問題が立ちはだかっていたのである。

第四章

光明主義

第一論文

一九三六（昭和十一）年はいろいろなことがあった年だった。まず、二月二十一日に長男・熙哉《ひろや》が生まれた。この時のことを潔はこう書いている。

息子が生まれたとき、私はいろいろ有名な書物を引き出した末、「百工熙哉《ひろまらんかな》」という句から取って、熙哉《ひろや》と名をつけようかと思って、二階へ上がって、まだ寝ていた妻に相談すると、妻は横に寝ている赤ん坊のほうを向いて、「ヒーチャン」と三度ほど呼んでみて、「かわいらしいからよろしい」といった。私はすっかり感心した。（『月影』より）

なんとも微笑ましい話である。

しかし、喜びもつかの間、三月には親友の治宇二郎が他界してしまう。もう学問の理想や抱負について話し合うことはできなくなってしまった。これからは潔は自分一人でその理想を追究していかなくてはならなくなったのである。それが潔の言う、

「私はこの人が生きているうちはただ一緒にいるだけで満足し、あまり数学の勉強に身が

入らなかった」

という言葉の意味なのであろう。

五月、潔はついに最初の論文を発表する。これは治宇二郎の死がきっかけになったのだろうか。もちろんそれは潔本人でなければわからないことに違いないが、論文を書かなければならないことは以前からわかっていたし、発見は前年の九月にしているのだから、やはり治宇二郎の死が無関係とは言えないのではないかと思うのである。

潔が毎日の研究のスケッチをレポート用紙に平均して三枚くらいずつ書いたということはすでに述べた。それが積み重なって一つの発見に結びついた時、潔はそれをおよそ百分の一に圧縮して発表するというのが常であった。それもフランス語で書いているのである。その最初のものがこの年の五月に発表されたのである。論文の題名は、

『Sur les fonctions analytiques de plusieurs variables』（多変数解析函数について）

と言い、それはその後発表される論文すべてに共通している。これについて潔は次のように言っている。


人の生命が一筋にしか流れないものである以上、境地を深めていけば縦一列になるほかないわけで、私にはこれがわれわれ東洋人にはやりやすい方法だと思う。

私自身についてみても、はじめ西洋流の教育を受けたからインスピレーション型の発見が多かったが、標題を「多変数函数論」と一つに決めて、その一、その二……と論文を書き出したやり方は縦一列である。もし西洋流の教育を受けなかったら、初めからこうしたに違いない。(『春宵十話』より)

この記念すべき第一論文について河合良一郎は、次のような書評を数学の専門雑誌『数学』(岩波書店)の中に書いている。

この論文集を通じて最大の成果はMem・I(著者注・第一論文のこと)にあるPassage aux espaces supérieurs の原理(著者注・上空移行の原理のことである)であろう。これは複雑な形の領域の問題を次元の高い空間内のより簡単な領域の問題に還元する方法である。(中略)今日の多変数函数論の成果もこの原理の上に立つものと考えられよう。(中略)

mem・I有理凸状域におけるCousin問題、展開の問題が、上述の Passage aux espaces supérieurs の原理と Cousin 積分によって巧妙に解かれている。

この第一論文は『広島大学理科紀要』に発表された。そしてその後、第二から第五までの論文が立て続けに発表されていくのであるが、これらはすべて、一九三五年九月二日に札幌の中谷家の応接間で発見したことを元にして書かれたものなのであった。

芭蕉と道元

こうして第一論文に続いて第五論文までを次々に発表していった潔であったが、それとは裏腹に、次の問題である「近似の問題」は容易に解けなかった。一度一つの山に登ってしまった者が次に現われたさらに峻険な山を前にした時、何を感じるだろうか。おそらく、ここまで来た以上後もどりするわけにはいかないし、しかしそうかといって次へのステップは容易には見つからないし、最初の山を目指していた時の何倍も苦しかったに違いないのである。

潔はそれを打開するために、日本の心、文化について真剣に調べた。それは、芭蕉に代表される俳句、連句の世界と、道元に代表される仏教の世界であった。それについて少し述べてみよう。

フランス留学の最後の方で、潔が日本から芭蕉の俳句や連句の本を送ってもらい、それをいろいろに調べたということはすでに述べた。それは、芭蕉一門の人たちがなぜ五七五

（合計してもたった十七文字にしかならないようなもの）の世界に一生を捧げたのか、という疑問から出発したことなのであった。

芭蕉は、

「名句は生涯に二、三句、十句もあれば名人なり」

という。しかし、それが潔には「頼りないもの」のように思えた。たった十七文字のものであるだけに、今日はうまく詠めたと思っても、次の日になれば全然駄目な句のように思えてしょげてしまうかもしれないのである。ところが、芭蕉とその一門の人たちにはそんな様子は少しも見られないのだ。

そして潔は、

「こんな頼りないものの二、三句に全生涯を懸けるのは、まるで薄氷に全体重を託するようなものである。どうしてそんなことが出来るのだろう」

と考えたのである。

それで、『芭蕉七部集』、『芭蕉連句集』、『芭蕉遺語集』などを読んで研究した。しかし、フランスにいる間にはわからなかったし、第一の発見をした頃にもまだわかっていなかったのである。

潔が芭蕉について本格的に調べ始めたのは一九三六（昭和十一）年であった。伊東で中

〈谷宇吉郎と連句を試みたのである。

連句というのは、何人かによる連作俳句作りの作業と言っていい。最初の者が、「五七五」の句を詠む。それに対して二番目の者が「七七」の句をつける。もちろんその前の「五七五」を詠んだ人の心（情緒）を受け継いでいなければならないことは言うまでもない。そして、三番目の者は、再び「五七五」と受け継ぐ。それに対して四番目の者は「七七」……という風に続いていくのである。

潔が連句にひかれたのは、まず第一に短い語数の中で深い情緒を表現している点であろう。一字変えただけでもその句がだめになってしまう。それを最初は「頼りない」と思っていたわけだが、そうではなくて人が一生をかけて追求していくだけのもの（それを潔は「美の本体」と言っている）が確かにある。潔はそれを調べていくうちに確信したのであった。次に、連句においては、たとえば第三句をつける時には第二句に対してつけるのであって、第一句は意識していない。あくまでも前の句に対する関係だけである。当然そこには第二句を詠んだ者と第三句を詠む者との間に共通して流れるものがなければうまくいくはずがない。それが「情緒」というものである。ところが、こうして次々に句をつけていく間にいろんな情緒が流れていく訳だが、その全体を通して見てみると、それはそれである一つの情緒が流れているのである。これが潔の言う数学の発見が「縦一列」であるということと共通するものであろう。それが、一人の人間によってなされるのではなく、何人かのリレーの形式で行なわれるところがおもしろいのである。

さて、潔が中谷と試みた（練習したと言ってもいい）連句については、『紫の火花』の中の「情緒」の章に詳しく書かれているが、その中から二人の詠んだものを紹介してみようと思う（「海牛」が潔で、「虚雷」が中谷である）。

秋晴れに並んで乾く鰺と烏賊　虚雷
　蓼も色づく溝のせゝらぎ　海牛
夜毎引く間取りをかしく秋更けて　海牛
　さて目覚むれば煙草値上がる　虚雷

私は構想を建直し建直しして数学の研究をして、とうとう疲れてしまったのであって、その努力感の記憶をそのまま三句目に型にとって一巻の趣向をきめた。中谷さんはそれをよく知っていて、この句は岡さんでなければ詠めない句だと口では言いながら、四句目でこのように肩すかしをしてしまったのである。私はすっかり戸惑ってしまって、次の句が付けられなくて苦心惨憺した。（『紫の火花』より）

ここで話が横道にそれるが、潔が好んだ芸術家について簡単に述べておこう。まず、文学に関してであるが、潔は文学好きで実に多くの文学作品を読んでいる。『三国志』、『水滸伝』のようなものから夏目漱石、芥川龍之介などの作品、外国のものではドストエフスキー、ジイドなど、それ以外にも著書の中に名前が出てくるのを思い出してみただけでも佐藤春夫、横光利一、井上靖、吉川英治、ゲーテ、ミッチェル、トルストイ、サン＝テグジュペリ、宮沢賢治、……と驚くほど多岐にわたっている。この中で特に好んだのが、芥川、漱石、そして芭蕉であった。

次に絵画である。潔は文学の次に絵画を好んだ。著書の中にも絵画の話はよく出てくる（その中でも、「ピカソの絵は無明を描いたものである」という大胆な説はよく知られているだろう）。潔の好んだ画家は、横山大観、坂本繁二郎、ゴッホ、ラプラードなどであった。

同じ芸術でも音楽については、文学や絵画ほどには追求しなかったようだ。それでも、小林秀雄との対談の中で、

「モーツァルトが時間的で、ショパンが空間的だという人がいるが、私はその反対だと思う」

というようなことを言っているから、その本質的なところは十分にわかっていたのだろう。

次にもう一つの仏教の世界に話を移すことにしよう。潔がいつ頃から宗教、特に仏教に

関心を寄せるようになったのかを明確に示す資料はない。大学生の頃、叔母さんからある洋服屋さんが、

「世の中にはなぜこうも悲しい人や悲しい事が多いのだろう。それを思うと自分はまことに悲しい」

と言ったという話を聞かされて、

「この洋服屋さんは実に宗教的な素質がある。自分などはとてもこんな感じ方はできない」

と思ったことがある、ということが『春宵十話』の中に書かれているが、それが潔が宗教に目を向けるようになったきっかけというわけではあるまい。まだ、この頃の潔には宗教心というものが明確には意識されていなかったようである。ただ、前に述べたように、潔は大学三年の時、

「ぼくは計算も論理もない数学をしたいと思っている」

と言っていることを思い出そう。これはこの頃の潔の心の中にはすでに宗教心の芽生えがあったということを示すものではないかと思うのである。

　それでは、潔にとって宗教（仏教）とは何か、そして数学と仏教の関係はどんなものであるのか。本人がそのことに対してきちんとしたコメントをしているわけではないので、

以下に述べることはあくまでも想像である。

数学というのは、極論を言えば自然数の「1」からそのすべてが論理的に（三段論法と背理法と演算の規定を用いて）構成される学問である。もう少し具体的に言うと、自然数の「1」から1＋1＝2、2＋1＝3、…という具合に自然数というものが構成され、1－1＝0、0－1＝－1、－1－1＝－2、…と整数が構成される。さらに二つの整数の組によって有理数が作られる、たとえば（3、4）で3/4を定義するというやり方で。そうやって実数も複素数も構成されていく。また、一見論理とは関係ないように思われそうな極限の考えも論理的な帰結なのである（ε－δ論法がそれである）。

このように、たとえどんなに高度で複雑な内容であろうとも、それらは自然数の「1」からスタートして論理的にたどっていけば必ず行き着くことができるものなのである。

ところが、その自然数の「1」とは何か、という質問に数学は答えられないのである。そして、それに答えられるのは仏教しかないと潔は考えたのであった。

もちろん、潔が最初からそう考えて仏教の勉強（研究）を始めたわけではない。最初は、数学の研究の一つの手がかりとして始めたことで、それは芭蕉の俳句や連句、あるいは絵画についても同じことだったのである。ところが、フランス留学や第一の発見などを経験するうちに、研究に行き詰まった時、つまりもはや数学的には何もすることがない。しかし、思いだけはその数学の対象にずっと向けられているような時に、正しい答え（結果）というものは間違いなくあるのだから、数学的な方法でなくても自分の境地が高まりさえすれば必ずそれは見えてくるはずである、というようなことがわかってきた。そしてそのためには仏教の研究をするのが非常に大事である、自然数の「1」を解明できるのは仏教しかないのではないか、と考えるようになったのであった。

さて、仏教と一口に言っても様々である。その中で潔が注目したのは道元の『正法眼蔵』であった。当然、仏教について学ぼうと考えた潔はいろんな仏教書を読んだことだろう。潔の著書から推測すると、『法華義疏』、『無門関』、『六祖檀経』というようなものまで読んだようである。

潔がそれらの中から『正法眼蔵』を選んだのは次のようなきっかけからであった。

満州事変と日支事変との間には重苦しい平和の日々が続いた。夏のことであったが、私はある日一度気晴しがしたくなって京都の博物館へ行った。

重苦しい雰囲気も流石に此処までは入ってこない。私はすっかり楽しくなって色々見て回った。そうするとふと嵯峨天皇の御真筆が目についた。見るとこう書いてある。

真智無差別智
妄智分別智
邪智世間智

私は一目見て、一々の言葉の意味はわからないが、よい句だなあと思った。それで紀見峠の家への帰りに大阪の行きつけの書店に寄って、岩波文庫の道元禅師の『正法眼蔵』三巻を買って帰った。（『春雨の曲』より）

『正法眼蔵』が道元自身の言葉で、しかも体系的に書かれているというのも潔が選んだ理由の一つではなかっただろうか。もちろん、そこに書かれている内容が浅薄なら話にならないわけだが、道元というのは日本仏教の歴史の中でも有数の碩学であるし、その禅の実践においてもピカ一の存在と言える。潔が道元に魅せられたのは当然と言うべきであろう。

しかし、潔が本当に『正法眼蔵』で道元が言っていることを理解し、仏教の奥義と数学との関わりを感得するのは、光明主義に入ってからのことであった。

第二の発見

再び潔の研究生活の話にもどろう。いろんな面で潔は自分がどんどん追い込まれているのを感じていた。前述したように、一つの山を極めた後、さらなる峻険な山を目の前にしているのである。そして、その問題を解決する糸口がさっぱりつかめないのである。さらに、今の自分が置かれている立場では研究にすべてをかけることなどできない、というのも潔が追い込まれていった大きな原因であった。講義によって時間が寸断されることが研究にとってはもっともマイナスだったからである。

なにしろ、潔の研究の仕方というのは、ある一つのことに極度に神経を集中させるというものであったわけだが、その集中の仕方が並ではなかった。潔は気にかかった点があると、それについての何らかの決着がつくまで寝ないで考えた。普通の人ならそれが三日も続けば自分でも気がつかないうちに眠ってしまうものだが、潔の場合は一週間も二週間も眠らずに考え続けるのである。そういう意味では超人的と言っていいのだが、そんな生活をしていたのでは身体はぼろぼろになるし、とても講義どころではなかったのは当然であろう。

潔は一九三八（昭和十三）年一月、広島文理科大学を休職することになる。その理由は「健康上の理由」ということなのだが、それは病気というのではなく、このような事情なのであった。最初届け出た休職の期間がどれくらいであったかはわからないが、休職願いを出した時の潔の頭の中には、再び大学に復帰する考えなどなかったに違いない。

同年五月、潔は広島を引き払い、郷里に帰った。この時潔は三十七歳であった。これは、形の上では休職という状態が継続されただけで、実質的には退職と同じであった。そして、それは同時に収入がなくなるということをも意味する。これは潔一家にとってはこの上もなく重大なことであった。郷里に帰ったのも、そうしないと生活していけないからだったのである。このことは研究をしていく潔自身にとってもかなりのプレッシャーであったし（まさに「背水の陣」である）、幼い二人の子供をかかえたミチにとってもつらいことだった。そして、ミチだけでなく、紀見峠で潔一家を迎え入れた寛治と八重の胸にも心配がうずまいていたことだろう。

それでも研究が順調に進んでいけばそういう生活の問題点も緩和されていったのだろうが、今潔が取り組んでいる問題はそんな生易しいものではなかった。潔自身が、

「これではまるで海を歩いて渡れといわれているようなものだ」

と思ったほどの難問だったのである。

そんな折り、ある日ふと新聞を見ると、台風が大阪湾に向かっているという記事が目に入った。これを見た潔は、

「よし、台風で荒れ狂う鳴門海峡を船で乗り切ろう」と思い立った。潔は、この時の心境を「引きしぼった弓のような気持」と言っているが、かなり追い詰められた気分だったのだろう。まさしく「決死の覚悟」であった。当然、家族は止めただろうが、そんなことをきく潔ではない。潔は思い立つが早いか、大阪から福良の方に向かう小さな船に乗ったのであった。しかし、実際には台風はそれてしまって、荒れ狂う海を経験することはできず、油を流したような水面を眺めながら帰ってきたのであった。

このことに象徴されるように、この時期の潔は精神的にかなり追い詰められており、他にもはたから見れば奇怪な行動が多く見られたようだ。潔の人生の中で一番の危機だったと言っていいだろう。

しかし、そんな潔の緊張も緩む時が来る。引きしぼった弓はいつまでも引きしぼられたままでいることはできないのである。そのきっかけは一九三九(昭和十四)年四月一日の父・寛治の死だったのかもしれない。潔にとっては情緒の教育をしてくれた父であった。潔はこの時のことを次のように言っている。

父は私が生まれた時から私の未来がわかっていたらしい。しかしその未来のわかり方ははっきり見極めると云う所までは行ってなかったようです。そのためわたしのすることをハラハラしながら見ていたらしい。

そのわたしが一九三九年の四月一日から開かれる京都大学に於ける数学会に一つの発見を講演するというので、これで潔も立ち直ってくれたと父は大喜びしていましたが、四月一日の学会でわたしは電報で父の死を知らされました。

数年前、父は柿を取っていて柿の木からさかさまに落ちてウーンと云って暫く気絶していましたが、暫くして自分で気が付いたのです。首が胴にめり込んだように思ったと話していましたが、多分其の時脊髄神経の外包の「からだ」の部分は頸の所で切れてしまっていて、中核の「こころ」の部分だけで生き続けたのでしょう。

父は四月一日には其の前日から気分が悪く、医者に診て貰っていました。医者は胸部や腹部を診察し、「気づかいごわへん」と云いながら背部を診察しようとして、父を抱え起こしました。そして多分聴診器を取るために父の首を支えていた手を放したのでしょう。父の首が真情の季節の幼児の首のようにガックリしたと思うと、ウーンと云って死んでしまいました。

実に意志力の強い人で、わたしの先途を見届けるために、気力だけで五六年生き続けて来たのです。(『春雨の曲』より)

六十七歳、まだまだ若すぎる死であった。

さて、ここで一つ注意しておきたいことがある。寛治が、本来岡家の跡を取るべき甥(潔にとっては義兄)にいずれはすべての財産を渡そうと思っていたことはすでに述べたが、この父の死に当たって潔がそれを父に代わって実行したということである。つまり、潔は自分はごくわずかの田畑をもらっただけで、ほとんどの財産を義兄に譲ったのであった。それは、「潔」という名前の通り、実に潔い態度で、

「そこまでしなくてもいいのに」

と言う人もいたほどであったということである。

軍用道路ができるのをきっかけに、潔一家は紀見峠の実家を出、峠の麓に家を借りて住むことになった。そして翌年六月、緊張の緩んだ潔は昼間は地面に石や棒で書いて考え、夜はミチと子供たち(すがね六歳、熙哉三歳)をつれて谷間でホタルをとっては放し、とっては放すというような生活をしていた。すると、ある日突然あれほど悩まされた難問が解けてしまったのである。

毎夜一家総出で蛍を取って来ては裏のコスモスの茂みに放してやり、昼は毎日土の上

に木の枝でかいて、解析学の諸の作り方を、もう一度、きちきち調べ直して見た。そうしているうちに段々要求されている作り方の性格がわかって来た。

それで、フレッドホルム型積分方程式論の冒頭の二頁程を残して残りを切り捨てて見た。この切り捨てるという操作がこの際絶対に必要なのである。

そうすると何だか使えるかも知れない、一つのものの作り方が出て来そうに思えたからそうして見たのであるが、それを実地に使って見ると果たしてうまく使えた。難関は突破されたのである。(『昭和への遺書』より)

この時の発見の仕方を潔は「梓弓型」と呼んでいるが、これは第一の発見までの「インスピレーション型」から次の「情操型」へ移行する途中の型といっていい。

この時の発見をまとめたのが第六論文であるが、この論文について河合良一郎は、

「有限単葉な領域について Hartogs の逆問題が解かれている。ここには、それまでの多変数函数論の知識がすべて動員されており、構成も複雑で、この論文集の中、一番難解なものである」

と言っている。やはり、「海を歩いて渡る」ような難問だったのだ。

こうして難問を解決した潔であったが、もう一つ解かなければならない問題が残っていた。そして、それはいままでの問題よりもはるかに難しい問題で、「C^n内の領域」という条件を除いて「一般の領域」で考えるというものであった。

当然、まだ研究しなければならないことが残っているのに、潔が大学に復帰するはずがなかった。潔は一九四〇（昭和十五）年六月に正式に広島文理科大学を退職した。財産も譲り渡し、大学も辞め、田畑を切り売りするしか生計を立てる道はなくなってしまったのである。しかし、

「自活する道があるのに講義などで研究を妨げられるようなことはすべきではない」

というのが潔の動かぬ考えなのであった。「生活の中で数学するのではなく、数学の中で生活した」のである。潔はまた、

「数学は生き物だから、どんなに難しい問題でも、それがなぜ難しいのか数学と一緒に暮らしながらその様子を観察して最も数学の欲するような方法を見つけていけばいいんだ」

とも言っていた。数学と一緒に暮らすためには勤めになど行けないのは潔にとっては当然のことなのであった。

こうして研究一本槍の毎日を送っていた潔であったが、一九四〇（昭和十五）年の十月

に京大から理学博士号を受けた。これは、金銭的なプラスにはならないが、それまでの研究（第一論文から第五論文まで）が認められたということである。しかし潔は学位には関心がなく（フランス留学中の時にもそうであった）、もらうことを強く拒否したが、周りから説得されてしぶしぶ受けたのであった。

うれしいこともあった。それは、一九四一（昭和十六）年八月十三日に次女・さおりが生まれたことである。潔は『万葉集』巻第十一の中にある、

いにしへの狭織《さおり》の帯を結び垂れ誰しの人も君にはまさじ

という歌からとって「さおり」と名づけた。これで潔は一男二女の父親となったのであった。

その年の十月、潔は北海道大学から、

「理学部研究補助を命ず」

という辞令をもらい、単身で札幌に赴いた。おそらく収入がなくなったことを心配した中谷宇吉郎の配慮があってのことだっただろう。しかし、この珍しい役職には潔自身も戸惑ったようである。潔はそこで功刀《くぬぎ》数学研究室に所属したが、講義をするわけでもなく、ほ

とんどなにもすることがなかったので、

「室長や室員にピアノを聞くことと、詰め将棋を詰めることを教えていた」

という。そして、なお暇な時には植物園などに行って時間を過ごしたのであった。

ところで話は飛ぶが、潔は囲碁と将棋、連珠などをよくやったようだ。特に将棋は自分で指すのも人の指した棋譜を見るのも好きだったようである。潔の指す将棋については、中谷の、

「岡さんの将棋を見ていると、まるで駒が植物のように成長するんだね」

という評がある。

また、人の棋譜を見るということに関連したことで面白いエピソードがある。ある時潔は米長邦雄に誘われて大阪でプロの対局を観戦したことがあった。現在永世十段の中原誠の対局である。潔が対局室に入っていくと、ちょうど中原は自分の手番で次の手を考慮中であった。そして、潔が観戦している間には指さなかった。潔がどれくらいの時間観戦したのかはわからないが、中原は長考していたようだ。潔は部屋を出た。

対局が終わり、中原と話をする機会があった時、潔は中原に、

「中原さん、あの場面であなたは同じ手を三度読みましたね。なぜ、三度読んだのですか」

と言った。それを聞いた中原は絶句してしまった。潔の言う通り、中原はその場面で同じ手を三度読んだからである。そして、はたから見れば、中原は扇子をパチ、パチ、パチと三回鳴らしただけだったのである。これは潔が仏道修行をするようになってからの話であると思うが、数学の発見にも通じる話ではないかと思う。

さて、話を元に戻そう。潔が北海道大学に赴任して二か月後の十二月八日、日本軍はハワイの真珠湾を攻撃し、ここに太平洋戦争が始まった。フランス留学中に起きた満州事変から少しの小康状態を経て支那事変が始まった昭和十二年頃から、潔は日本の行方を真剣に心配し始めた。また、広島にいる時、こんなこともあった。

日支事変の初めのころ、この国の選ばれた若人たちが、それこそ桜の花が散るように美しく散って行った。私は、こんなことを続けていると、若い世代がよいものからよいものからと死んで行ってしまうだろう、ほかにどのような利益があるのか知らないが、この損失に比べると取るに足らぬものに違いないと思った。そう思ったのはちょうど広島から京都へ行く汽車の中だったのだが、私はそのまま東京まで乗り継いだ。しかし東京に近づくほど、だんだん、そういうことのいいにくい空気が強くなって来て、東京駅に着いた時は、降りるには降りたが、そういうことを訴えられるところはありそうもな

く、私はついに黙して帰った。(『春風夏雨』より)

しかし、そんな潔にとっても、真珠湾攻撃は寝耳に水であった。そのニュースをラジオで聞いた時、潔はとっさに、

「しまった。これで日本は滅びた」

と思った。そして、すべての日本国民とともに死ぬ覚悟を決め、数学の研究に没入したのであった。第二の発見をもとにした第六論文の最後に「Ｆｉｎ」と書かれているのは潔のそういう覚悟の表われなのである。しかし、戦争中ずっと取り組んでいたさらに一段上の問題はなかなか解ける見込みがつかなかった。

そんな中、一九四二(昭和十七)年十一月に北海道大学を辞した潔は再び紀見峠に戻った。これで収入の道は完全に断たれ、しかも戦争が進むにしたがって食糧事情はどんどん悪くなる一方であった。しかし、この時の潔は「死なばもろとも」という言葉を信じて、ひたすら研究に励んだのであった。

戦争も終盤にさしかかった一九四四(昭和十九)年の七月二十二日、母・八重がこの世を去った。八十歳であった。

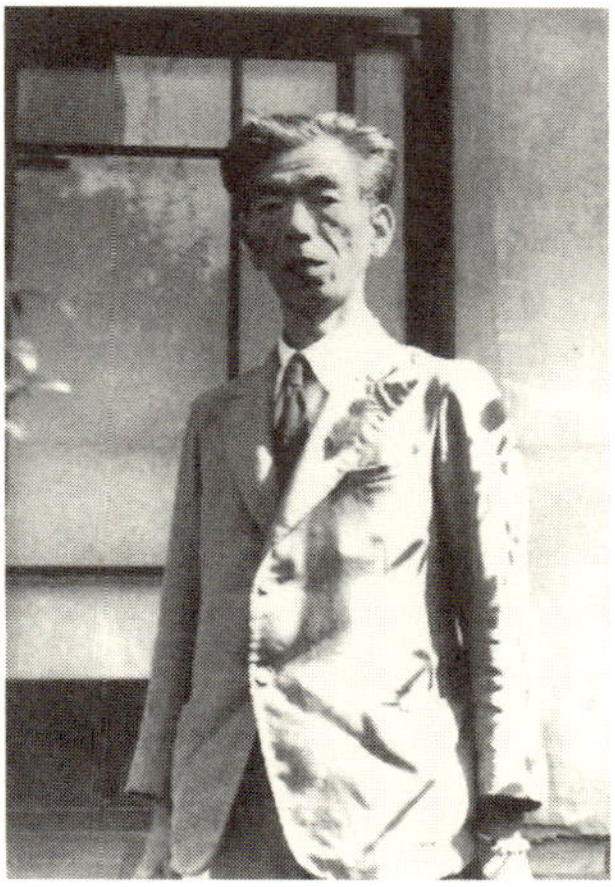

昭和18年頃の潔。

光明主義

一九四五（昭和二十）年八月十五日、太平洋戦争は終わった。開戦の時の、「日本は滅びる」という予感ははずれ、日本は負けたけれどもその領土を寸断されるようなこともなかった。しかし、その代わり、それまで「死なばもろとも」と言い合っていた同胞たちが、戦争が終わった途端に食糧の奪い合いを始める姿を見たとき、潔は愕然とせずにはいられなかった。祖父の、

「他人《ひと》を先にして自分を後にせよ」

という教えも、父の、

「日本人が桜が好きなのは、その散り際が潔いからだ」

という教えもどこかに行ってしまっているではないか。

潔は厳しい口調で言う。

西独は、断固として、ヤンキー魂をもってドイツ魂に置き換えることを拒否した。しかし、日本は、実に、これ以上ないという腰ぬけな態度でこれを受け入れた。だから、日本は今、滅びそうになっている。物心両面ともに……。（『葦牙よ萌えあがれ』より）

それまでは滅ぶと思っていた日本が、滅びなかったがそれよりもっとひどい状態になっているのを見た潔は、それまでのように数学の研究の中に閉じこもるという逃避の仕方ができなくなってしまった。生きるに生きられず、死ぬに死ねないという気持ちであった。これが、潔が宗教の門に入ろうと思ったきっかけだった。

もちろん、宗教であれば何でもいいというわけにはいかない。少し、潔の宗教観に耳を傾けてみよう。潔は、

「人の悲しみがわかること、そして自分もまた悲しいと感じることが宗教の本質なのではないだろうか」

と言った後、次のように宗教的な世界について述べているのである。

宗教と宗教でないものとの違いは、孔子と釈迦やキリストをくらべればはっきりする。孔子は「天、道を我に生ず」といっているが、この「天」は「四時運行し万物生ず」といった大自然の行政機構のことである。また「仁」については説けず、ただ理想として語り得たにすぎない。孔子の述べたものは道義であって、宗教ではなかったといえるだろう。

またキリスト教の人たちでも、たとえば安倍磯雄、賀川豊彦といった人が世の悲しみをなくすためにいろいろ活動をした。それはもちろん立派なことに違いないが、それ自体は理性的な生き方であって宗教的な生き方とはいえないのではないか。こうした奉仕的な活動は、おおらかに天地に呼吸できるという満足感を与えるけれども、それは理性の世界に属することだと思う。いまも普通は宗教的な形式を指して宗教と呼んでいるようだが、これは分類法が悪いのだという気がする。

理性的な世界は自他の対立している世界で、これに対して宗教的な世界は自他対立のない世界といえる。自他対立の世界では、生きるに生きられず死ぬに死ねないといった悲しみはどうしてもなくならない。自と他が同一になったところで初めて悲しみが解消するのである。（『日本のこころ』より）

しかし、それは後の潔のせりふである。終戦直後の潔は、戦争中を生き抜くためには理性だけで十分だったが、戦後を生き抜いていくためにはどうしても宗教が必要だというせっぱつまった状況に追い込まれていたのであった。

そんな潔に「光明主義」を勧めてくれたのはミチの姉であった。この義姉がいつから光明主義と関わりを持っていたのかはわからないが、おそらく潔はワラをもつかむような思いで義姉の勧めに従ったのだろう。そして、そこで光明主義の創始者である山崎弁栄《べんねい》のことを知り、またその教えを学ぶうちに光明主義に帰依するようになったのであった。

ここで、山崎弁栄の生涯と光明主義について簡単に述べておくことにしよう。

◎山崎弁栄の生涯と光明主義

弁栄は一八五九（安政六）年の二月二十日に千葉県東葛飾郡の小農村で農家の長男として生まれた。両親は熱心な念仏信者で、特に父親は近所の人から「念仏嘉平」と呼ばれるほどであった。このような家庭環境の中で育ったためか幼い頃から仏教に対する関心が高く、近所の寺から仏教書や高僧伝などを借りて読んだという。また霊感も強く、十一歳の頃に特異な体験をしている。弁栄はその時のことを、

「幼時十一歳、家に在りし時、杉林の繁れる前に在りて、西の天霽れわたり、空中に、想像にはあれども、三尊の尊容儼臨し給うことを想見して何となく其の霊容に憧憬して、自ら願ずらく、我今想見せし聖容を霊的実現として瞻仰し奉らんと欲して、欽慕措く能はざりき」

と言っている。このような体験が、将来出家への道を歩むもとになっていることは言うまでもない。子供が霊的な体験をすることは少なくないが、山崎が二十歳を過ぎてからより

頻繁にこのような体験をしたことを考えると、弁栄には特殊な宗教的資質が備わっていたと言っていいだろう。

十五歳の頃から出家したいと思うようになっていた弁栄は、二十歳の時、家の菩提寺である医王寺で得度した。その後松戸市の浄土宗壇林東漸寺に入り、そこで一年余り過ごした後、東京に遊学した。東京では「華厳五教章」、「首楞厳経」という浄土宗以外の経典を学んだり、真言宗の寺院で密教の修法を学んだりもした。そして、一八八二（明治十五）年に帰郷してからは、専ら念仏の修行に明け暮れたのだが、その生活ぶり、修行ぶりは伝統的な浄土宗のそれとはだいぶ違っていたようだ。医王寺薬師堂における参籠修行、筑波山における山岳修行（岩窟に座して日夜念仏を唱えるというもの）など、密教の影響を強く受けたものだったのである。この筑波山における修行で弁栄は仏眼を開いて見仏したという。それについては弟子の田中木叉がこう言っている。

「阿弥陀無量光王尊
　身色金山王のごと相好円満したまひて六十万億河沙由旬
有無を離れし中道に慧光大悲と輝けり
　塵々法界照り合ひて功徳荘厳きはもなし」

こうして仏眼を開いた弁栄は二十七歳頃から布教活動をするようになる。そのきっかけは、ある廃寺寸前の寺の再建であった。この寺の建立資金を集めるために弁栄は精力的に行脚し、寺は一八九一（明治二十四）年に完成したのであった。しかし、弁栄はそこにとどまることなく、最初は関東地方で、そして一九一一（明治四十四）年以後は関西、九州にまで足を延ばして布教に努めたのであった。

弁栄の布教ぶりには独特のものがあった。左右の手で同時に異なる和歌を書いたり、口に筆をくわえて絵を描いたり、あるいは米粒に南無阿弥陀仏の名号や観音像を書いたりすることがあったのである。それで「米粒上人」などと呼ぶ人もあったようだ。また、人がなにを考えているかを見抜いたり、数々の奇蹟を起こしてもいる。病気治しの祈禱をしたこともあった。しかし、弁栄の一番の魅力はその私心のなさにあった。弁栄はシラミや蚊のような、人から嫌われるような虫でも殺さないように注意していたし、自分の食べるものや着るものさえも人に施すような人であったのである。

弁栄は四十一歳の時、棺桶に入って三十日間昼夜を分かたず念仏を唱えたことがあった。その時の様子は次のようであった。

「外から見た所は小さな窮屈な箱の中で寒さに慄へてゐるやうに見へたかも知れぬが、寒熱等は感じもない。念仏三昧の心の空が霽れて来れば、一本の生糸を千筋にさいて其の目にもとまらない細い軟い快さで、ふわりと包まれたような内から発する体感も通り過ぎ、身体のあることさへ感ぜず、このうつとりとなるやうな大喜妙悦の内感も安祥として通り越し、うつし世には無き妙音妙香の心を楽しましむる勝境も通り越して、例へやうのない快ささへ今は覚へなき心の空は、万里雲なき万里の天に、満天是れ月の光明界となることもあり、或は尽十方は無碍光如来の光明織りなす微妙荘厳現前することもあり、或は夢相或は有相、自受用法楽の言語に絶し思慮の及ばぬ勝境現前、彼此の対立全き神人融合の中に如来の徳と智を啓き与へられて、時空を超絶してすごされた三十日別時三昧に、心光いかばかりかその輝きを増されたことであつたらう」

弁栄は後に「光明主義」という一派を打ち立てることになるのだが、その構想はこの時の体験から出たものであるという。

しかし、実際に「光明主義」という言葉が多用されるようになるのは、一九一一（明治四十四）年頃からであった。そして、実質的な旗揚げと言える「光明会趣意書」が発表されたのは一九一四（大正三）年のことであった。

弁栄は自分の提唱した宗教をすべての宗教に勝るものであると思っていたが、それだからと言って他説を破邪しようとはしなかった。それが、光明会が弁栄の存命中に大きな組織にならなかった一番大きな理由だったただろう。

こうして、まだ光明会が萌芽的な組織の段階であった一九二〇（大正九）年の十二月四

日、弁栄はその六十一歳の生涯を閉じたのであった。最後の言葉は、

「如来はいつもましますけれども衆生は知らない。それを知らせにきたのが弁栄である」

というものだった。

その後の光明会は一九四八（昭和二十三）年に光明会聖堂が、そしてその四年後には光明総連合会が成立し、さらに一九五六（昭和三十一）年になってそれらが合併して新たな法人光明会を結成して現在に至っている。その信者の数は全国に二、三千人いると言われている。


さて、潔は弁栄の生涯に自分のそれを重ね合わせてとらえていた。つまり、弁栄の転機となった年齢が自分のそれとぴったり重なるというのである。そして、潔はそれを、「人の一生を向上の道を歩むと見た時の節目」

ととらえたのであった。

それは次の六つの時期である。

a　十一、二歳　　弁栄……霊的な特異な体験
潔　……蝶の採集の時の「発見の鋭い喜び」の体験

b　十五、六歳

弁栄……出家を思い立つ

潔　……数学の神秘性を知る

c　二十歳頃

弁栄……出家

潔　……工科から理科への転換（京大入学）

d　二十四歳頃

弁栄……仏眼が開ける

潔　……数学上の最初の発見がある

*ただしこの年齢は潔が実際に最初の発見をした時よりも二年早くしてある。それは京大を卒業してから二年間の睡眠薬中毒の期間を除いてあるのである。これは、その道に入って四年で成果があったという意味なのである。

e　三十歳頃

弁栄……布教を始める

潔　……生涯取り組むべき問題を決める

f　四十二歳頃

弁栄……光明主義を思い立つ

潔　……第七論文を書く（これは、新しい研究の端緒を拓いた論文であった。なお、これについては後に述べる）

さらに、弁栄と潔の間に共通しているのは、自分の修行（研究）生活に基づく強烈な体験主義というものであろう。実際、弁栄の修行の仕方は浄土宗の伝統的なものとはかけ離れたものであったし、潔の数学のスタイルが普通の数学者と全然違うことはすでに見てきた通りである。

こうして、潔は一九四六（昭和二十一）年六月、光明主義の世界に入っていったのであった。

第三の発見

光明主義に身を任せた潔は、朝晩木魚をたたきながら念仏（「南無阿弥陀仏」）を唱えるという生活を始めた（光明主義の勤行は、弁栄が自ら編集した「礼拝儀」という勤行式と念仏が中心であったようである）。朝勤行して、それから数学の研究に没頭し、再び夕方勤行をする、という生活である。

そんな生活が二か月ほど続いた。そんなある日、朝の勤行の最中、頭の中でそれまでの考えがある方向に向いていき、問題が解けてしまったのである。その時の様子を潔は次のように語っている。

ある朝お念佛していると、私はその頃問題（μ）に没頭し、専らこれを剰余定理と云うレンマによって解こうとすることを続けていたのであるが、ふとその末段にはまだもっとよく見極めるべき所が残っていることに気がついた。それで直ぐにお念佛をやめて、そのままの姿勢で畳の一点を見詰めて、昨日までの理路を碁の大石の攻め合いの時のように追い詰めて行って見ると、こういうことがわかった。$F_p = F' \cdot F''$（私の全集の117頁参照）、問題（μ）は解けたのである。（『春雨の曲』より）

今度の発見はそれまでの「インスピレーション型」のものとは大きく違っていた。後の潔の言葉で言うと、

「牛乳に酸を入れたときのように、いちめんにあったものが固まりになって分かれてしまった」

という風だったのである。これを潔は「情操型」の発見と呼んでいる。この両者の違いを潔は、

「木にたとえるとインスピレーション型は花の咲く木で、情操型は大木に似ている」

と言っている。そして、それは仏道の修行によって境地が深まった結果、余分なものがそぎ落とされて、それまで見えなかったものが見えるようになったからである、とも。

潔が数学上のことと仏教、あるいは芭蕉などとを関連づけて書いている文章を読んで、潔が数学の問題を解くために仏教や芭蕉の精神を取り入れたと解釈するのは間違いである。潔にとっては、仏道の修行をしたり芭蕉の俳句や連句を研究することがそのまま数学の研究だったのである。そういう意味では、潔はこの第三の発見によって初めて自分の研究のスタイルを確立したと言えるのかもしれない。

さて、それではこの時の発見は数学的にはどんな意味を持っているのだろうか。俗に言う潔の三大発見というのは、

一、上空移行の原理
二、二つの函数を、積分方程式を解くことに帰着させることによって融合させる方法
三、不定域イデアルの理論

である。この中の「上空移行の原理」についてはすでに述べた。二つ目の発見は第六論文につながるものである。そして、三つ目の「不定域イデアルの理論」というのがこの時の発見であった。これは実に驚くべき発見で、それまでのものから論理的な思考をどれだけ積み重ねていっても得られない、言ってみればまったく別世界の新しい概念だったのであ

る。

この時の発見をもとにして書かれたのが第七から第九までの論文であり、これによって潔がフランス留学時代に取り組み始めた難問が、

「内分岐しない有限擬凸状域は正則域である」

という形で証明されたのであった（第九論文が発表されるのは一九五三年のことである）。

ところで、仏道修行によって境地が進んで、それまでわからなかったものがわかるようになったと言えば、潔はこの年の九月にある天啓を受け、フランス時代からずっと座右に置いていた『正法眼蔵』がすらすらわかるようになったと言っている。

高木貞治との交流

さて、こうして数学的に見れば歴史に名が残るような偉業を成し遂げた潔であったが、その生活は日増しに苦しくなる一方だった。潔は後にある数学者に、

「自分は数学の研究に打ち込んだので、まず田畑がなくなり、次に着る物がなくなり、次に住む家がなくなり、しまいには食う物もなくなった」

と言ったことがあるというが、その「食う物もなくなった」という状態になってきたので

ある。

それで潔が考えたのは、奨学金のようなものをもらうことであった。生徒や学生ではないから奨学金というよりも「研究補助」と言う方が当たっているかもしれない。要するに、潔が一九四一年から四二年にかけて北海道大学に行っていたようなシステムということである。

潔はそれを、当時すでに日本数学会の第一人者であり、世界的にもその名を知られていた高木貞治（一八七五～一九六〇）に託したのであった。

高木貞治は、その名著『解析概論』とともに多くの理系の人間にその名を知られている。そして類体論の創始者として世界中から注目された数学者である（今、日本を代表する数学者を二人上げろと言われたら、百人中百人が高木貞治と岡潔の名を上げるだろう）。

そのような奨学金（あるいは研究補助）の中に「風樹会」というのがあった。

ここで潔から高木貞治に宛てた手紙の草稿を見てみよう（昭和二十一年三月三日という日付がある）。

御推薦によりまして昨年度も風樹會の援助を受けることが出来ました。厚く御礼申し上げます。私の其の後の（多変数解析函数に関する）研究状況の概略を御報告申し上げます。（中略）所で先生に折り入って御願があるのでございますが、風樹會の援助を今暫く続けて頂けないでございませうか。私の唯一の収入だったのですから。

それから、諸を作りながら勉強しますと、時間も非常に取られますし、それに肉体の疲労の為、往々思索の厳密さが失はれ勝ちになりまして、貴重な時間の浪費としか思はれないのです。それで、何処か外から今少し援助して貰って、それが巧く行ったならば四国か九州かの僻地の漁村へでも行って、家族のカロリー等の不足は魚ででも補ふことにして、其の方の責任を解除して貰って、二、三ケ年専心勉強したいと思って居たのですが、今度の突然のインフレ対策で、此の案も棄てなければなるまいかと存じます。


この草稿が書かれたのは、光明主義に入る前（ということは第三の発見の前）のことであるが、その頃にはすでに潔が「風樹会」からの援助を受けていたことがわかる。そしてそれは高木が潔の要請に応えて「風樹会」に推薦してくれたからなのであった。

高木と潔の出会いがいつ、どこであったのかはわからないが、日本を代表する二人の数学者が交流を持っていたというのは非常にうれしいことである。

この草稿の翌年（昭和二十二年）の四月十八日という日付をもつ高木宛の手紙は非常に重要である。その中に、前年までの研究で解明されていない問題が二つあることが書かれているからである。それは、次の二つである。

Prob・E――（局所的に）Riemann面を抽象的に与えて、それを生む正則函数を求めること。

Prob・H――任意のRiemann面を（R）とし、その上の任意の点をP_0とする時、（R）はP_0の近傍において、もしそれらを生む正則函数をもつならば必然性質H′をもつか。

そして、潔はこう言う。

所で、先生に申し上げたいのは、其の本質的な部分は解いて了ったと思った（今でもそう信じて居ますが）其の瞬間に、正確には翌朝目が覚めました時、何だか自分の一部分が死んで了ったやうな気がして、洞然として秋を感じました。それが其の延長の重要部分が、上に申しました様に、まだ解決されて居ず容易には解けそうもない、と云ふことが分って来ますと、何だか死んだ児が生き返って呉れた様な気がして参りました。本当に情緒の世界と云ふものは分け入れば分け入る程不思議なものであって、ポアンカレの言葉を借りて申しますと、理智の世界よりは、或は遙かに次元が高いのではないかとさへ思はれます。又此の二つでは主観と客観とが入れ変って居るのではないかとも思はれます。物と物との結びつき方も全く違っていますし、ともかく一方だけを使ふのは、片足で歩く様なものではないかと思ひます。

これほど研究に対する情熱と自信がほとばしり出ている言葉があるだろうか。これだけのことを成し遂げたというのに、潔の研究はまだまだ続くのである。

この手紙が書かれた翌年の一九四八（昭和二十三）年、潔は第七論文をフランスの学術誌「Bulletin de la Société Mathématique de France」に送り、受理された。これは、新たな研究の端緒を拓いたということを（高木への手紙にあるように、まだ解明しなければならない点は残っているけれども）フランスに報告したいという潔の気持ちの表われであろう。そもそも潔が論文をフランス語で書くというのも、その問題をフランスで発見したからであるが、その潔がついにその問題を解決してフランスに凱旋したのである（なお、潔は日本語については、「日本語は物を詳細に述べようとすると不便だが、簡潔にいい切ろうとすると、世界でこれほどいいことばはない」と言っている）。

こうして、潔が断行した「勤めをやめて研究に専念する」という生活は確実に実を結んだ。しかし、経済的には完全に行き詰まっていた。もはや自活の道はなく、潔はそれまでかたくなに拒んでいた勤めを始めなければならなくなったのである。

第五章　警鐘

奈良女子大学

潔が泣きついたのは三高以来の友人である秋月康夫だった。

「パンのためだから気ままは言わない。どこでもいいから勤め先を世話してくれ」

と頼んだのである。

秋月は、後にパリ大学教授のブリュアーが、

「秋月さんはトゥ・ル・モンド（全世界）を知っている」

と驚嘆したほどの人脈を持っており、この時も潔の頼みに応えて、すぐに奈良女子大学の教授・半田正吉らに潔の就職を依頼したのであった（ちょうど戦後の学制改革で奈良女子高等師範学校は奈良女子大学に昇格したばかりであり、半田は女高師時代からの教授なのであった）。

話がどのように進んだのか、詳しいことはわからないが、潔はこの秋月の尽力のおかげで一九四九（昭和二十四）年七月、奈良女子大学理家政学部の教授（後にこの学部が理学部と家政学部に分離してからは理学部教授）に迎えられることになった。

その頃のことである。潔は京都の秋月の家を訪ね、二階で話をしていた。すると、階下で物音がしたのを聞いた秋月が下に降りていき、すぐに電報を手にして階段の下から、

「岡、喜べ。落合さんが奈良の学長になった。お前は運がいいぞ」

と声をはずませて言った。

しかし潔は秋月が何を言っているのかさっぱりわからなかった。ぼんやりしていると、秋月は階段を駆け上がってきて、書棚から一冊の本を取り出して潔に見せた。それはデカルトの『方法序説』で、その訳者が落合太郎（今秋月の言った「落合さん」）なのであった。おそらく秋月は落合の人となりを知っており、潔のことも理解してくれるに違いないと思って喜んだのだろう。だが、そんなことを潔がわかるはずもなかった。潔はただ秋月から見せられた『方法序説』を読んでみて、

「実にうまい日本文だ」

と感嘆しただけだったのである。

こうして潔の奈良女子大学での生活が始まった。潔はこの時四十八歳になっていた。思えば、病気を理由に広島文理大学を去ってから十年の歳月が流れていたのであった。

さて、十年ぶりに教壇に立った潔が大いに戸惑うことがあった。それは女性に数学を教えることの難しさであった。潔はそれまで、数学を教えるのは経験を教えさえすればいいのだから別に教育法なんてものは要らない、と思っていた。ところが、初めて女性に数学を教えてみて、とてもそれではやっていけないということに気づいたのである。

そのきっかけとなったのはある一人の学生であった。彼女は、

昭和37年６月11日。
奈良女子大学で講義中の潔。

「岡先生の講義はフワッとしていて天下一品だわ」

と言って、実際講義のヤマ場になると大いに喜んでいた。ところが、試験になってその学生の答案を見ると、まさにフワッとしていて、情趣はよく描けているが論理の流れがとぎれとぎれになってしまっているのである。

これをきっかけに、潔は学生たちの答案などをよく調べてみた。そして、男女によって教え方を変えなければならないということを確信した。潔はその研究の結果、男性は「知から情に向かって」意志が働くが、女性は逆に「情から知に向かって」意志が働くらしいということを発見したのである。

さらに潔は、数学を男性だけに任せておくとだんだん灰色の方向に進んでしまうようだから女性にも一翼を担ってもらって少し色彩感を入れたい、とも思ったし、女性にはよい母になってよい子を育ててもらわねばならない、とも考えた。

その後、さらに潔の関心は子供の教育へと向かっていくのだが、その一つのきっかけとなったのは次女のさおりであった。潔は奈良女子大に勤め始めて最初の二年間は郷里から通っていたが、三年目の四月から奈良市法蓮佐保田町に移った。当然子供たちは転校である。末っ子のさおりは奈良女子大の付属小学校へ転校した（小学校三年から四年に上がるところであった）。

ところが、一学期の終わりに担任から呼び出しがあった。行ってみると、算数ができないから少し教えてやってほしいというのである。それで潔は、さおりを三か月ほど教えたのであった。その様子を潔は次のように書いている。

さおりのやるのを見ていると、不思議にも少しも数学しているという気がしない。規則どおりにしなければ×がつけられると思いつめて、びくびくし続けているにすぎない。ところが、おもしろいことに、間違いのほうに目をつけると、このほうは生彩陸離としている。初めはおずおず間違うのであるが、だんだん興が乗って、しまいには傍若無人に間違う。鞍上人なく鞍下馬なしである。間違いやすいから間違うのではなく、間違えたいから間違うのである。そうなるとなんだかリズムのようなものさえ感じられる。生命力は表へは出ようがないから、裏へ出たのであろう。その表と裏とを変えるのに、私は三月かかったのである。(『月影』より)

こうして潔は、それまでの研究三昧の生活から、教育というものに目を向けるようになったのであった。

数学教育

もちろん、そうは言ってもそのために研究がおろそかになるようなことはなかった。潔は一九四八（昭和二十三）年の第七論文に続いて、一九五一（昭和二十六）年には第八論文を、そして一九五三（昭和二十八）年には第九論文を発表した。この中で、潔が高木貞治宛の手紙の中で言っていた二つの問題も解決されているのである。ハルトッグスが一九〇六年に、

「内分岐しない正則域は擬凸状である」

ということを証明して以来、実に五十年たってその逆である、

「内分岐しない有限擬凸状域は正則域である」

ことが証明されたのであった。

この潔の業績は、その第七論文が「Bulletin de la Soiété Mathématique de France」に発表されたこともあって、世界中から注目されることとなった（それにくらべて日本ではあまり騒がれなかった。この体質は現在でも改まっていない）。

多くの外国人研究者がこのニュースに接した時まず第一に考えたのは、この問題を解いたのは「岡潔」という研究グループだろうということであった。潔の解いた三大問題はそ

の一つだけを取り上げてみても超難解な問題なのである。それを三つとも解いてしまったなんて、それはとうてい一人の人間のなせるわざではない。ちょうどフランスに「ブルバキ」という数学者集団（フランスの第一線の数学者の集まり）があるが、「岡潔」というのもそれと同じようなものなのであろう、というわけである。

しかし、話によるとどうもそうではないらしい。「岡潔」というのは個人の名前であり、しかももう初老にさしかかろうかという日本でも無名の人物であるというではないか。それで、わざわざ日本まで「岡潔」を見にきた数学者がいたのである（ジーゲルやカルタンがそれであった）。

しかし、次第に潔の名は知られるようになっていった。その最初は一九五一（昭和二十六）年五月の日本学士院賞受賞であった（この賞は学術上特にすぐれた研究業績に対するものである）。この昭和二十六年という年は、三月に第八論文発表、四月に奈良市法蓮佐保田町に転居、そして五月に日本学士院賞受賞と、それまで苦しいことが多かった潔の人生の中でうれしいことが重なった年となった。そしてそれが順風の吹き始めで、その後一九五三（昭和二十八）年には第九論文発表、そしてその翌年一九五四（昭和二十九）年一月に朝日文化賞の受賞と続くのであった。この朝日文化賞の受賞は潔の名を数学とは関係ない一般の人々にも知らしめることになった。

京都大学構内にて。
学生からの注文に応えてポーズをとる。

このような業績が認められたのか、一九五四（昭和二十九）年四月から京都大学理学部の非常勤講師をも勤めることになった。潔の方からそれを希望したとは思えないから、京大から請われたのだろう。二十二年ぶりに京大で教鞭を執ることになったのである。

潔にとってうれしかったのは、弟子と言える学生を育てることができるようになったことではなかっただろうか。もちろん奈良女子大学にも教えている学生はいる。しかし、京大の方がいろんな意味で弟子を育て易かったのではないだろうか。実際、京大に勤めるようになって数年後には愛弟子と言っていい学生が現われているのである。

話は少し逸れるが、潔は奈良女子大学の学生たちをA、B、Cの三段階に分類した。Cは数学を記号だと思っている者、Bは数学を言葉だと思っている者、そしてAは数学は姿の見えないxであって、だから口ではいえないが、このxが言葉をあやつっているのであると、無自覚ながらでも知っている者である（もちろんCからAにいくにしたがって良くなっていくのである）。潔は学生の答案を見ただけでも、あるいはちょっと話をしてみただけでも彼女たちがこのどのランクに属するのかわかってしまうほど、その教育法に熟達したのであった。ところが、この方法を確立して何年かすると（それほど長い年数がたったわけではないのに）それまでのA、B、Cのどれにも属さない者、つまりDクラスの者が現われるようになってきたのである。それについて、潔は次のように言っている。

ＣＢＡは私の進化の順であり、同時に数学史の向上の順なのであるが、このＤはそのような系列にはなく、私にはちょっと正体がわからなかったのである。しかもこのＤがさまざまに変っていったのである。生物（昆虫、微生物、ビールス等）に「放射線」をあてると意外な変種ができる。Ｄはそれに似ている。だからそれまでの教育は「放射線」をあてるような危険きわまりない教育ではあるまいかと疑わせる。

Ｄの数は段々ふえる。だからＡＢＣの数は段々へる。それとともにＡＢＣの一つ一つは影が薄くなり、Ｄは段々強さをます。種類もふえる。とうとうＤばかりになってしまった。

サア、どう教えたらよいか全くわからないのである。私はそれまでの教育を全面的に調べて見ようと決意した。（『春風夏雨』より）

これが、潔が後に『春宵十話』を初めとする数々の著書で警鐘を乱打することになる直接的なきっかけとなったのであった。

文化勲章

一九六〇（昭和三十五）年十一月、岡家は喜びに満たされていた。潔が文化勲章を受章したのである。第一から第九までの論文に対してのものであった。文化勲章がどれくらい名誉なものであるかということは周知のことであろうが、潔にとっては、名誉というよりもその賞金を研究費に充てられることの方がうれしかった。当然、ミチにとっても大きな喜びであった。昭和十三年に広島を引き上げてからの十年余というもの、勤めをしない潔の研究のための環境作りはもちろんのこと（研究に没頭している時の潔は非常に気難しく、ちょっとしたことでも雷を落としたようだから、研究に専念させることはさぞかし大変だったろう）、潔の両親や親戚とのつき合い（先祖代々の土地を次々に売り払い、自分は勤めにも出ないで毎日ぶらぶらしている、というので批判する人たちもいたことだろう）、そして三人の子供の世話、と、一日として気の休まる時などなかったに違いない。おそらく、この文化勲章受章でミチはそういう努力がいっぺんに報われるような思いがしたことだろう。受章時に潔とミチが二人で撮った写真には、そういう潔の喜びと、ミチの喜びがよく表われているように思う。

文化勲章の受章式に出席するために潔は何年かぶりで上京した。そして何人かの人と会っている。まず、友人の秋月康夫（京大教授）、小川鼎三（東大教授）の二人である。潔がこの二人と三高以来の友人であったことはすでに述べた通りである。なお、秋月は潔の文

化勲章受章に関して数学専門誌『数学』（岩波書店）に「岡潔君の文化勲章受賞」という文を寄せ、その最後に、

「真にoriginalなもののみを求める！　この深さでは歴史の進展も遅いものらしい。静かな奈良で、齢は老境に入るも益々深い思索に沈潜する岡君の健康を祈り、かかる数学者を現在わが国にもつことを有難く感謝して、祝辞に代えたいと思う」

と書いている。

それから、中谷宇吉郎にも会っている。もっともこの時中谷は入院中であり、お見舞いという形であった。もちろん見舞いとは言っても潔と中谷のことであるから病気の話などどれほどしたことか。実際、そこでは人工雪の実験のことが話題になったようである。中谷はそれから二年後にこの世を去ることになるのだから、この頃そんな話をしている場合ではなかったのかもしれないが、だからこそ中谷にとってはそんな潔の訪問がうれしかったに違いない。

さて、この時の東京行で初めて出会ったという人たちもいた。たとえば吉川英治である。吉川は『真書大閤記』などで知られる作家で、この年潔と一緒に文化勲章を受章したのであった。二人は授章式の日とその翌日の二日会っただけですぐに親友になった。その時の思い出を潔は次のように語っている。

二日目は荒木文相が私たちをどこかへ晩餐によんでくれたときに会ったのである。妻も一緒であった。私はその席で前の最高裁の長官に「森を見ただけで木を見ないで、その木を切り倒すようなことを人にしては当然いけないでしょう」と、またれいの正義心からすごい剣幕でいった。

帰途、妻が、主人は気短ですぐにはめをはずして困ります、というと吉川さんは「はめなんかはずしてませんよ。いい男ですよ。咲きたいように一杯に咲かせてあげなさい」とまるで幡随院長兵衛の妻にでもいうようなことをいった。(『春風夏雨』より)

この文化勲章受章のおかげで、潔は一躍注目を浴びることとなった。和歌山県橋本市では、郷土の生んだ大数学者に対して「名誉市民」の称号を与えた。また、岩波書店は第一から第九までの論文を集めた『SUR LES FONCTIONS ANALYTIQUES DE PLUSIEURS VARIABLES par KIYOSHI OKA』を刊行した。

しかし、これらはあくまでも地域的なもの、専門的なものであり、潔の名はまだそれほど一般的なものではなかった。

昭和35年秋、
奈良市法蓮佐保田町の自宅にて、
家族とともに。

春宵十話

潔の名を全国的なものにしたのは、一九六二（昭和三十七）年に「毎日新聞」に連載された『春宵十話』であろう。一般の者にとって、偉大な業績を成し遂げた人物の書いたものを読むというのは非常に魅力的なことである。ましてやそれが、文化勲章を受章したばかりの学者であるといえば、飛びついてくる者は多いだろう。

この毎日新聞社の企画は予想以上に当たった。潔の業績とその研究にかける姿勢が評判になったのである。もっとも、マスコミの中にはその業績よりも、生活ぶり（それもその奇行ぶり）ばかりを取り上げるところも少なくなかったが。

研究に没頭している潔は傍から見ればおかしな行動をしていることも確かにあった。しかし、それはあくまでも研究に没頭しているがゆえのことである。たとえば次のようなこともあった。

以前、奈良女子大の数学教室は八号館という独立した建物にあった。職員室は二階にあったが、私たちの入っている職員室では誰も時計を持っていなかった。だからいま何時か見たくなったら、下へ降りて、入口のところにかかっている時計を見てきていたのである。数学の問題に考えふけりながら時計を見にゆくと、いろいろのことがある。一番ひどい場合は、何しに行ったのか忘れて、便所へ行って、そのまま小便して上へあがる。もう少し考え込み方の浅いときは、時計があることだけを見て、上へあがる。文字通り時計を見てきたわけだが、これじゃ仕方がない。その次に考え込み方の浅いときは、時計と、それから針の位置とを見て、それを記憶して上へあがる。この場合だと、上へあがって自分の部屋へ入ってから、針の位置はここここだというので、大体は推理してどちらが大針、どちらが小針かわかる。従っていま何時何分かわかる。(『紫の火花』より)

これは学内のことでもあり、たいして問題にもならないだろうが、潔は外でもこのような行動をしており(たとえば電車を乗り過ごすなど)、それで世間の誤解を招くようなことが少なからずあったのである。しかし、我々はそのような面ばかりを面白おかしく取り上げたり中傷したりする立場からは脱しよう。そのようなことを取り沙汰することが潔の姿を正しくとらえることには決してつながらないからである。

さて、『春宵十話』に話を戻すと、毎日新聞社から十回連載のエッセイを書いてほしいと言われた時、潔はそれまで奈良女子大の学内で事あるごとに語ったり叫んだりしてきたことを書こうと思った。つまり、教育問題についてである。そして、その題名を「○○十話」としたいので○○の部分を考えてくれ、という要請に対しては即座に「春宵」の二字を選んだ。それは、粉河中学校の入試に失敗した頃とってもらっていた『少年世界』という雑誌の表紙に中学生の制服を初めて着た少年が春の月をバックにして立っており、そこに「千金の子と春の宵」と書いてあった。それを見た潔は、

「こんな風になれたらどんなにいいだろう。自分に果たしてそんな日がくるのだろうか」と痛烈に思ったのであった。その時のあこがれと不安の入り交じった気持ちをこの「春宵」という言葉に託したのである。

ここで、『春宵十話』から始まる一連の著作で潔が訴えたかったことを整理してみたいと思う。

まず、潔は終戦後の日本の荒廃ぶりにショックを受け、それが年を追うごとにどんどんひどくなっていくのを見て危機感を覚えた。このままでは日本は遠からずだめになってしまう、なんとかしなければ、と思ったのである。戦後間もない頃、

「進駐軍は日本を骨抜きにするために三つのS（スポーツ、セックス、スクリーン）をはやらせようとしている」

と巷で言われたことがあったが、それからわずか十年程しかたっていないのに日本にはこ

の3Sが夏草のように生い茂っているではないか。それは日本がアメリカに日本魂を売り渡したかのようにアメリカの言い分を受け入れたことに始まっている。まず、潔は新憲法の前文からして問題があると言う。

小我観のよい例は日本国憲法の前文である。小我が個人であることが万代不易の真理だと明記している。そしてその上に永遠の理想を、しかも法律的にであろうと思うが、建てることができるといっている。何という荒唐無稽な主張であろう。(『春風夏雨』より)

潔は、日本国憲法前文の中の、

「これは人類普遍の原理であり」

「人間相互の関係を支配する崇高な理想」

「政治道徳の法則は普遍的なものであり」

という言葉に対して、

「彼らは果たして自分とは何か、を考えてみたことがないのである」

と言っているのである。

ここで言っている「小我」というのは仏教用語で、「真我」に対するものである。「真我」というのは人間一人ひとりが持っている本来の自分（自分というものの主宰者であり不変のもの）のことである。それに対して「小我」というのは「自分のもの」、「自分の身体」、「自分の感情」という時の「自分」（「我を張る」などという時の「我」）のことである。この「小我」が主体になっては人心が荒廃するのは当然であろう。

それを立て直すためには教育を見直さなければならない、と潔は考えた。ところが今の教育は憲法の精神に基づいている上に、アメリカのデューイの教育論を取り入れたものである。デューイの教育論は功利的なものであり、しかも判断は快、不快によってせよと言っているのが潔には気に入らなかった。これは明らかに「小我」を主体にせよと言っていることではないか。それだけでなく、潔はデューイの著書を十冊以上買い求めて読んだ結果、教育にとって非常に重要なことでその中に書かれていないものが十一項目もあるということを発見したのであった。それは次のものである。

（一）人の中心は情である

（二）有情にはなぜ頭があるか

（三）自分とはなにか

（四）大脳前頭葉の抑止力
（五）純粋直感
（六）真の自由
（七）向上心
（八）民族性
（九）人の子の内面的生い立ち
（一〇）環境
（一一）時勢

このようなことを踏まえて潔は、教育というもののあるべき姿を捜し求めていったのであった。

人の子の成長

教育の目標について潔は、

「第一に、ものの良さが本当に分かるようにすること」

である、と言い切る。そして、「ものの良さ」というのは、スミレならスミレらしく、レンゲならレンゲらしく生き生きとするということだ、と言うのである。そしてそうなるためには、「情緒」という大地に「知性」という木の幹がしっかり根づき、そこに「真我」という枝葉が繁る、という形（これを潔は「感情樹」と呼んでいる）にならなければならない。そして、教育というのは、この「感情樹」を育てることである。それは、農耕にたとえるとわかりやすいだろう。農耕で大事なのは次の三つのことである。

一、除草……「小我」が雑草であり、「真我」が作物（「感情樹」）である。
二、施肥……水や肥料を与える。その際、最初は水だけ、またはごく薄い肥料をやるにとどめ、だんだん濃くしていくことが大切である。
三、鋤耕……土を耕すこと。充分に深く耕さなければいい大地にならない。

さて、それでは人の子はどのように育っていくのだろうか。そして、それに対してどのような教育を施せばいいのだろうか。潔の分析を見てみよう。

第一期　情緒の調和を作る期間

（一）生まれてから約三十二か月間（数え年の三歳まで）

童心の時期。第二の心の世界、すなわち天上に住んでいる。八か月ほどで順序数がわかり、十六か月ほどで自然数の「1」がわかるようになる。この期間は、両親を含めた家庭環境を良くすることが最も大事なことである。これがないと、将来人を愛したり信じたりすることができなくなる。

（二）数え年の四歳頃

自然（時空）がわかり始める。これは童心を自然という膜で覆うということである。親が言行を一致させて子供の信を培うことが大切である。

（三）数え年の五歳頃

自他の別が初めてわかる。この頃「他人《ひと》を先にして自分を後にせよ」ということを教えることが大切である。これが自我本能を抑止させることにつながる。

（四）数え年の六歳頃

仲間と寄って遊ぶようになる。また、第一次知的興味が働き始める。この頃、たとえば「どうしてここに坂があるの」というような質問を子供がしても、「なんですか、この子は。ばかなことを言って」などと言ってその子の芽を踏みにじるようなことをしてはいけない。

（五）小学校一、二、三、四年生

情緒の調和を作り上げる、つまり、それまでに内的にはできあがっているものを、外界的に情緒の調和が現われるようにする時期である。美しいものを見せたり、「なつかしい」、「かわいそう」という感情や正義感が起きるような物語を読ませる、などということが必要だろう。

第二期　知性を伸ばす時期

（六）小学校五、六年生

大脳前頭葉が命令して、側頭葉が記憶するということ（つまり自覚的、選択的記憶）をやらせるのにいい時期。覚えるために暗算をやらせるのもいい。これが知性の夜明けになる。

（七）中学一、二年生

本を速く読む、その速さを増すのにいい時期。古典的で面白くて長い物語（『三国志』や『水滸伝』など）をどんどん読ませるといい。数学で言えば方程式を立てる（立てられた方程式を解くのではなく、文章を方程式に直すのである）という訓練をすることが大切。

（八）中学三、高校一、二年生

知性開発の最後の段階である。潔はこの時期を「真夏の夜の夢の時期」と呼ぶ。

この期間は精神統一を強くする非常に大事な時期である。また、この時期は第二次知的興味の時期でもある。これは、第一次の時と違って、わからないから面白いという興味の示し方をする。だから、この時期にあまり変なものを見せると、そういうものにでも興味を持ってしまうので、注意しなければならない。なお、この時期は、生後十六か月頃、つまり自然数の「1」というものがわかるようになった頃と似ている。十六か月の子がなにか口に入れていて、他のものを入れようとする時に、それを吐き出してから入れるように、ある知識を咀嚼しつつある時、他の知識を取り入れようとすれば、それを吐き出してしまってからでないと取り入れないのである。この時期に多種多様なものをあらゆる角度からやらせるのがいい。それが精神統一にとっていいのである。

第三期　高校三、大学一、二年生

すでにこれまでの過程で知性は充分に開発されている。この時期は理想像の最初の素描をする時期である。もう自分で思考、観察、批判ができるようになっているから、この時期にはできるだけ時間の自由を与えることが大切である。こうして、理想像の素描によってその後自分の行くべき場所を選ぶ。これでちょうど成人となるのである。

さて、この流れの中で非常に重要なのは、（八）の時期に大脳の発育が完了するということである。そしてそれは以前（戦前）は十五歳頃であった。大脳の発育が終わるとそのしるしがあるからそれがわかるのである。それは、女性で言えば初潮である。ところが、戦後になって女性の初潮年齢が三年も早くなっているというのだ。これは大脳の発育が以前より三年分足りないということであり、ということはそれだけ動物に近づいてしまったということではないか。

一方で潔は、大脳の構造についても説明している。つまり、大脳には新皮質と古皮質の二層があり、古皮質というのは猿も人もあまり違わない。人の人たるゆえんは新皮質にあるというのである。そしてさらに次のように言っている。

この古皮質は欲情の温床だといわれており、獣類の場合には欲情が度を越さないように自動調節装置があるけれども、人にはこの装置がない。本能についても同じことがいえる。だから、人が欲情や本能を調節するには、大脳前頭葉の抑止力を自由意志によって働かせるほかはない。これが前世紀（著者注・十九世紀）来の医学的定説である。（『春風夏雨』より）

これは非常に恐ろしいことではないだろうか。潔が、このままでは日本は遠からず滅んでしまう、と感じたのは当然のことだったのである。

理想の教育体制

それでは、潔は具体的にどのような教育体制（学制）を提案していたのだろうか。それを箇条書きにしてみよう。

一、寺子屋の復活

これは素読と字を覚えさせる教育である。年齢的には五、六、七、八歳。素読というのは、たとえ意味がわからなくても文章を覚えるということで、明治の頃には『論語』や『平家物語』などを覚えさせたようであるが、それが良い結果を生んだという報告は多い。潔はこの時期に字をたくさん覚えさせるといいと言っている。

二、小学校における科目の設定

四年生まではもっぱら心のことを教え（情操教育）、五、六年生では自然を教え（歴史、地理、理科）、中学校で社会を教えるとよい。これは、仏教で言う「真如一転して世界となり、再転して衆生となる」に基づくもので、真如とは心のこと、世界は自然、衆生は社会に相当するからである。

三、義務教育は小学校六年間でよい
　算数教育について言えば、まだわからない問題の答、という一点に精神を凝集して、その答がわかるまでやめないようになることを理想として教えればいい。というのは、数学の本質は、主体である法が客体である法に関心を集め続けてやめないということであり、それは算数の始めからそうだからである。

　さらに潔は、次のように言う。

　法に精神を統一するためには、当然自分も法になっていなければならない（主宰者の位置は客体の所にあるのだから。そうすると当然「自他の別」を超え、「時空のわく」を超えることになる）。そうするといわば内外二重の窓がともに開け放たれることになって、「清冷の外気」が室内にはいる。これが児童の大脳の発育にとってきわめて大切なことであって、義務教育における、数学教育の意義の第一はここにあるように思われるのである。（『春風夏雨』より）

四、旧制中学、旧制高校の復活

創造性を伸ばすためにはそれなりの時間的スペースがなければならないから。これは特に前述の第二期（八）と第三期のことを意識して言っているのだろう。

五、大学卒業認定の廃止

現状では、入学試験の弊害があまりにも大きく、とうてい創造性を伸ばすことなどできない。そのためには、その弊害を生んでいる大学の卒業証書というものを無くすことから始めなければならないのである。

潔はこのようなことを『春宵十話』を皮切りとする一連の著書で訴えていくことになるのである。

その反響は大きかった。毎日新聞に十回に渡って連載された『春宵十話』は翌一九六三（昭和三十八）年二月に単行本として刊行され、その年の毎日出版文化賞を受賞した。これは岡潔がブームになったと言っていい出来事であった。

潔のもとに講演の依頼が来るようになったのも、『春宵十話』の新聞連載がきっかけであった。潔は「時の人」になったのである。

もちろん、そんな世間の動きに惑わされるような潔ではない。『春宵十話』が連載された昭和三十七年の九月に第十論文を発表しているのである。この論文は、かつてフランス留学時代、サン・ジェルマン・アンレーの森を散歩しながら考えていた時に発見したことを基にしたものであった。そしてそれに対する問題設定は一九四一（昭和十六）年に札幌でなされた。その問題を第九論文を発表した後取り上げたのである。その時の気持ちを潔は、

「自分はかなり長い間、冬の季節のような問題ばかりを取扱ってきた。このへんで春の季節の問題に切換えることにしたい」

と言っている。実際この論文はスミレの花のような小品であるという。

ここで潔が言っている「冬の季節のような問題」というのは、第九論文まででで解いてきた三大問題のことである。それを、「春の問題」に切り換えるというのはどういうことだろうか。潔は別のところでは、

「九番目の論文を出した時に思ったのだが、自分のやろうとしたことは、大体これで三分の二は出来た。しかしまだ三分の一が残っている。もしこれも計画通りにやれたら、私は自分の受けた研究のバトンを、次の時代の人に渡すことができる、と。それはあと十五年あれば一応はできると思うが、あと十年ぐらいはやれるけれどもそれ以上はあやしい。本当はバトンを次の人に渡すところまでやりたいが、渡すことができずにたおれても、それ

でもいいじゃないかと思う。数学史を見ても、生きてバトンを渡すことはまずない。数学は時代を隔てて学ぶものだと思う」

とも言っている。

さすがの潔も少しほっとしたくなったのだろうか。それとも、研究に一応の区切りがついてふとまわりを見渡してみたら、数学の研究にも劣らず大きな問題（教育問題）があるのが見えて、そちらの方がたまらなく気になってしまったのかもしれない。

いずれにしても、これから後の潔は教育問題の研究と警鐘乱打に全力を注ぐことになる。第一一番目の論文は取りかかったものの、ついに完成されないままになってしまうのである。

唯識

さて、ここで一九六三（昭和三十八）年から一九六九（昭和四十四）年までの七年間に刊行された潔の著書を上げてみよう。

一、『春宵十話』（一九六三・二）毎日新聞社

二、『風蘭』（一九六四・五）講談社現代新書

三、『紫の火花』（一九六四・六）朝日新聞社
四、『春風夏雨』（一九六五・六）毎日新聞社
五、『対話　人間の建設』（一九六五・十）新潮社（小林秀雄との対談）
六、『月影』（一九六六・四）講談社現代新書
七、『春の草　私の生い立ち』（一九六六・十）日本経済新聞社
八、『春の雲』（一九六七・三）講談社現代新書
九、『私の履歴書』（一九六七・七）日本経済新聞社
十、『日本のこころ』（一九六七・七）講談社
十一、『心の対話』（一九六八・三）日本ソノサービスセンター（林房雄と共著）
十二、『一葉舟』（一九六八・三）読売新聞社
十三、『昭和への遺書　敗るるもまたよき国へ』（一九六八・六）月刊ペン社
十四、『心といのち　わが人生観』（一九六八・十一）大和書房
十五、『日本民族』（一九六八・十二）月刊ペン社
十六、『葦牙よ萌えあがれ』（一九六九・五）心情圏社（講演集）
十七、『曙』（一九六九・六）講談社現代新書
十八、『神々の花園』（一九六九・十）講談社現代新書

十九、『岡潔集』（一九六九・二～六）学習研究社（全五巻）

これを見ると、ピークは一九六八年であるように感じられるが、その後も潔は警鐘を乱打し続けるのであった。『春宵十話』の中で「情緒」という言葉を全面に押し出した潔は、次の『風蘭』から「四智」（仏教用語で「大円鏡智」、「平等性智」、「妙観察智」、「成所作智」の四つ）を頻繁に使うようになる。ここでこの「四智」について簡単に触れておこう。

仏教の歴史の中で、般若経の「空」の思想を受けつぎながらも、まず識というものは存在し、ヨーガによってその識を変革していくことによって悟りに到達しようとする学派が登場してくる。これを唯識瑜伽行派といい、その教えを唯識説という。唯識説によれば、あらゆる外界の現象も自分の感覚も心の中にある。つまり、宇宙があり、その中に自然があって自分というものが存在する、というのではなく、自分の心の中に宇宙があるのである。潔の思想は基本的にこの説に基づいている。

その心の種類には八つの段階があり、それを眼識、耳識、鼻識、舌識、身識、意識、末那識（第七識）、阿頼耶識（第八識）という。この第七識と第八識は深層意識に属するものである。そして、煩悩の汚れを離れた清らかな智識に四つのものがあるというのである。潔の所属していた光明主義においても、これは重要な教えであった。光明主義においては、大宇宙にも「真我」に相当するものがあり、それを「報身」という。そしてその「報身」の属性として一大智恵と一大意志がある。この一大智恵というのが四智のことなのである。それは次の四つである。

大円鏡智……鏡のようにあらゆるものを差別なく映し出す智恵。潔はこれが働くことによってものの意義がわかると言っている。

平等性智……自他すべてのものが平等であることを証する智恵。これによって矛盾が自明になり、観念的なものもだんだんわかってくる。

妙観察智……平等の中に各々の特性があることを証する智恵。これが働くことによってものの内容がよくわかり、調和がわかる。

成所作智……あらゆるものをその完成に導く智恵。感覚の差がわかる。

なお、潔はこの四智全体を「無差別智（われわれ万人のまわりに絶えず働いているから）」と呼んでいる。つまり、無差別智に四種類あると見ているのである。

潔はこのような言葉を使いながら、教育についての警鐘を鳴らし続けたのであった。しかも、このような専門的な言葉を使うようになったせいか、最初は口述筆記だったが、しだいに自分で筆を執るようになった。これはかなりの労力を要する仕事であった。

警鐘乱打

こうして世間にその名を知られるようになると、日本全国のいろんな所から講演の依頼が来た。潔は、それらを嫌がらずに、いや嫌がるどころか積極的に引き受けた。それが警鐘を鳴らすことだと思ったからである。また、新聞や雑誌からの原稿執筆依頼にも応じた。その理由も同じである。この年のスケジュールがどんな風だったのかはわからないが、おそらく多忙を極めたに違いない。もちろん、その間に大学で講義をし（奈良女子大と京大）、数学の研究をしていたのである（それが本職なのだ）。普通、学者が本来の自分の専門以外の本をこれほど積極的に書いたり、講演したりすることは考えられない。それほど潔は日本の現状を憂え、将来に危機感を持っていたのである。

ところがマスコミはそんな潔の気持ちを正確に理解していたのだろうか。中には一風変わった注文をしてくるところもあった。たとえば、潔にジャンプさせてそれを写真に撮り、雑誌に載せるなんていうものまであったのである。こんな要求にも潔は応えていたのである。この時のことについて、潔自身は次のように語っている。我々はそれによって（ジャンプのことはともかく）潔の違った一面を知ることができるのである。それを読んでみよう。

ちかごろアメリカにジャンポロジーという学問――跳躍学とでもいうのでしょうか――ができて、こういう本が出ている、といって見せてもらいました。これは、ある週刊誌の記者が東京からふたり来て、それを見せてくれたのです。それで、写真にとりたいからとんでくれ、とわたしにいうのです。

なさけないことを頼まれるものだ、犬に頼んでくれないかなあ、と思ったのですが、東京からわざわざ見えたのだから、それじゃとぼうかな、と思って外に出ました。

すると、近所のなじみののら犬がやってきて、いっしょにとんでくれたのです。

こののら犬は、食べものはわたしのうちではなく、どこか近所をまわってもらって食べているらしい。しかし犬ですから、やはりどこかに飼われている、と思いたかったのでしょうか。それで、そちらの感じをかなえるのに、わたしのうちを選んだようです。

夜は縁の下にはいって寝ます。戸をあけると、すぐ尾をふってはいってこようとします。だれか散歩に出れば、きっとついてきます。めちゃめちゃに尾をふって、いっしょに散歩します。

こういうふうにたくさんの家を集めて、けっきょく一つの家のようにつくりあげているのら犬です。

わたしはこの犬が飼われているという実感のわく家をほしがり、わたしのうちをこんなふうにたよっているのだから飼ってやらないか、といったのですが、犬を飼うというろいろとわたしにはよくわからない弊害がともなうらしく、家内と末娘が反対するのです。だから飼ってやるわけにもいきません。

しかし、なんとかしてやりたいな、と思っていました。おおげさにいうとそれが負担になっていました。

さてわたしがカメラに向かっていやいやにとんだところ、その犬も来てとんだのです。それが、すこしおくれてとんだものですから、写真にはまさにとぼうとしているところがうつっています。それがひどくいいのです。

やがてその週刊誌を見た人たちのあいだで評判になりました。つまりいちばんよくとぼうとしているのは犬である、ということになったのです。

こうしてだいぶん有名になったおかげで、近所のうちの一軒で飼ってやろうということになりました。それで、わたしもおおげさにいえばすっかり重荷をおろすことができ、やはりとんでよかったと思いました。（『風蘭』より）

『風蘭』のこの続きには、飼い猫のことも書かれている。いかにも自然や動植物を愛した潔らしい話であると言える。

さて、潔は続く『紫の火花』の中で真っ向から、

「水道方式はやめなければいけない」

と宣言した。日本人には前頭葉を使う情緒型発見が向いており、それに対して水道方式は側頭葉を使うから止めさせたいと考えたからである。

水道方式というのは遠山啓を中心とする数学者グループが提唱した算数の指導体系である。彼らはそれまでの暗算、筆算に疑問を唱え、タイルを使った計算の体系を作り上げたのだった。「水道方式」という名前の由来は、一度貯水池に水を溜めておきさえすれば、あとは水道の蛇口をひねれば水が出てくるように、数計算の一般論を子供たちに教え、具体的な計算については、水道の蛇口をひねればいいようにすることが大切である、という理論である。

当然、その考えからいけば、

「二二が四、二三が六……」

というような暗記は無意味ということになる。計算の一般論は理解しているのだから、その都度蛇口をひねればいいのである。

これに対して潔は真っ向から反対したのであった。まず第一に、貯水池のようなものが

あり、蛇口をひねれば水が出る、という発想は潔にはまったく理解できなかったに違いない。数学には「帰納的」な面と「演繹的」な面がある。しかし、演繹的な面から新たな発見が生まれることはない。発見というのは常に帰納的なところからしか出てこないのである。しかし、水道方式はその演繹的な面ばかりを育てようとしているのではないか。また、タイルを使うというのも潔の意に添わなかったのではないかと思われる。それは側頭葉ばかりを使うことになるからである。そんな理由で潔は水道方式を退けていたのではないかと思われるが、それに対して水道方式側からどんな反論があったかということについては分からない。

一九六四（昭和三十九）年三月、潔は定年ということで奈良女子大教授と京都大学講師を退職した。しかし四月から奈良女子大名誉教授および非常勤講師となり、毎日の生活としては大して変わることはなかった。著作や講演によって警鐘を乱打することも同じように続けていった。ところが、そこに思いがけない出来事が待っていた。名誉教授になって二年目の秋に胃潰瘍で倒れてしまったのである。

第六章

春雨の曲

頭の冬眠状態

潔が倒れたのは一九六五（昭和四十）年十一月のことであった。胃潰瘍がひどく、血を吐いたのである。胃潰瘍の原因がストレスであることは言うまでもないが、潔の場合はそれまでに出版された五冊の著書（『春宵十話』、『風蘭』、『紫の火花』、『春風夏雨』、『人間の建設』）で必死に警鐘を鳴らしたつもりだったのが、世間にはほとんど通じていないという焦りにも似たものが最大のストレスの原因であった。潔は、

「ね、心配でしょう」

と呼びかけているのに、潔のもとによせられる手紙は、

「心温まる思いです」

というようなものばかりだった。つまり、潔の言うことを単なる思想、あるいは観念の遊戯だととらえているのである。

また、中には家まで訪ねてきて議論をふっかける学生や論文を直してもらいたいという浪人生もいた。

潔は心配すべきことを心配しない世間の風潮になお不安を感じた。そして、手紙をくれない人たちの中にこそ自分の言いたいことを本当に理解してくれる者がいることを信じて

なおいっそうの警鐘乱打をすることにしたのであった。しかし、それが体にはよくなかったのである。

潔はすぐに病院に運ばれ、胃の五分の四を切り取るという大手術を受けた（この時二十一人もの人が献血してくれたという）。そして、二か月ほど入院してなんとか命をとりとめたのであった。

しかし、体の方はそれでなんとか回復したが、精神的にはなかなか立ち直ることができなかった。潔に言わせれば、

「情緒の中心に異常を来たし、ひどい頭の冬眠状態になってしまった」

のである。何をする気力も湧かず、誰か心から話し合える人はいないかなあ、ということばかりを思う毎日であった。

実は「頭の冬眠状態」のもう少し軽度のものは最初の胃潰瘍の治療の時にもあった（医者に言われて五か月ほど頭を使わないようにした結果そうなったのである）。その時の様子を潔は自分自身を観察して『月影』の中に書いている。それによると、この状態に陥ると感情・意欲がほとんど働かないという。そして、それまで、

「戦後、若い人たちの顔つきが戦前とまったく変わってしまい、ずっと動物にちかづいている」

と言ってきたのに、街へ出て人の顔を見ても別に何とも思わないようになってしまったというのである。

その時は自分の意志の力で冬眠状態から覚めることができたが、今度のは重症であった。自力では回復できなかったのである。それを回復させてくれたのが画家の坂本繁二郎であった。坂本は九州の田舎に引きこもって寡作ではあるが馬の絵を描き続けていた。潔はその坂本のもとを訪れたのであった。すると、それまでずっと治らなかった「頭の冬眠状態」が、坂本と二時間ばかり話をしただけで治ってしまったのである。

こうして潔は立ち直った。そして、再び警鐘を鳴らすことを始めたのであった。ただ、その方法として、もっとじっくり人の心というものを見つめ、それを諄々と説くようにしたのである。潔が教育問題から心の研究に転換していったきっかけはこのようなことなのであった。

転居

一九六六（昭和四十一）年八月、潔一家は奈良市高畑町に転居した。ここは新薬師寺の東側に位置し、とても静かで自然環境に恵まれた所である（現在でも民家はまばらでまわりをたんぼや山に囲まれた静かな所である）。潔の健康（体の面でも心の面でも）回復にはもってこいの場所であった。実際、転居がいい影響をおよぼしたせいか、健康状態は完全に回復したようで、潔は講義に、著作に、講演にと忙しい毎日を送ったのであった。

ところでこの新居を建てるにあたって、潔は離れを建てた。それには二つの目的があった。一つは数学の私設研究室のためである。潔は奈良女子大の非常勤講師だったが、それも辞めると数学の研究のためのセミナーなどが行なえなくなってしまう。そこで、ここをその場所にしようというのである。

もう一つは光明主義の修行の場としてであった。光明主義では月に一度別時修養会(お別時とよばれていた)という修行があった。芦屋の聖堂に五日間泊まり込んでする修行である。潔はそれに参加することも多かったようだ(学生を連れて行ったこともあったようである)。

しかし、潔はそれ以外に月に一度の「一日別時」というのをこの離れで開催していた。それは光明主義の上人に来てもらって修行をし、講話をしてもらい、自分も講話をする、という内容であった。

そのようなこともあって潔の生活はなかなか多忙であった。活動のピークとなる一九六八(昭和四十三)年のスケジュールの一部を紹介してみよう。

自宅で執筆に励む。

三月　　　　　『心の対話』刊行
　　　　　　　『一葉舟』刊行
五月二十三日　有田市・宮原小学校で講演（歴史にみる日本の心）
六月　　　　　『昭和への遺書　敗るるもまたよき国へ』刊行
八月　十七日　松下幸之助と対談
　二十三日　石原慎太郎と対談
　　　　　　　司馬遼太郎と対談
九月二十五日　小林茂と対談
十月　七日　信州大学附属中学校で講演（情操教育）
　十九日　長崎大学で講演（日本民族の危機）
十一月二十一日　京都大学で講演（葦牙よ萌えあがれ）
　　　　　　　『心といのち　わが人生観』刊行
十二月　六日　大阪市・北稜中学校で講演（真我への目覚め）
　十三日　坂田文部大臣に「教育の原理」という提言書を送る
　　　　　　　『日本民族』刊行

これらのことを講義、セミナーなどの合い間に行なっていたのであるから、その多忙さは相当のものだったに違いない。

ところで、坂田文部大臣に送った「教育の原理」という文章は、それまでの潔の教育についての考えの集大成と言っていいだろう。そして、これこそが文章による最後の警鐘なのであった。

このような活動が評価され、潔は一九六八(昭和四十三)年十一月に奈良市の名誉市民に推薦された。これは、数学的な業績もさることながら、その教育活動と一連の著作が認められたということであった。

さらに、翌一九六九(昭和四十四)年には学習研究社から『岡潔集』の刊行も始まった(二月から六月まで)。潔の本が初めて刊行されたのは一九六三年のことである。それからわずか六年にして著作集が編集されるというのはずいぶん早いと思うが、面白いものでこれが潔の著作活動の区切りになったのであった。

日本民族

そんな潔のもとに京都産業大学から教授への就任依頼が来た。当時京都産業大学の総長であった荒木駿馬が潔の京大の先輩であり、大学院を新設するに当たって数学科の教授に、

と言ってきたのである。しかし潔は、

「私が指導できるような学生は恐らく来ないだろう。もしそういう学生が来たら指導するから、それ以外に一般教養科目で『日本民族』の講義をさせてくれるなら」

という条件をつけた。それに対する荒木の返事は「イエス」であった。それで潔はその話を受諾することにしたのであった。

おそらく、四月になって潔の開設した講座名を見て驚いた者が多かったのではないだろうか。それも無理はない。一般には数学者と日本民族とは結びつかないからである。もっとも潔の著書を読んでいた学生は、「なるほど」と思っただろうが（上にあげた一九六八年の刊行、講演の記録を見て、そこに「日本の心」とか「日本民族」という言葉がいくつか見られることに気づいた人も多いだろう）。

潔が日本の心というもの、あるいは自分が日本人であるということを初めて自覚したのはフランス留学時代のことであると思われるが、それが『春宵十話』に始まる一連の著作によって、あるいは講演によって、さらに深められていったのである。

潔の日本民族についての考えはその著書の中で断片的には述べられていたが、それが初めて体系的な記述になったのは『月影』であろう。そして、一九六八年の『日本民族』において一応の完成を見たと言っていい。

その主張は次の三つに集約される。

一、日本民族の由来

二、優秀性

三、分類

これらについて簡単に触れておこう。

一、日本民族の由来（どこから来たか）

潔は、フランス留学に行く途中に立ち寄ったシンガポールの風景に対して「なつかしい」と思ったということを手がかりにして、いったい日本民族はどこからやってきたのかということに思いを巡らした。そして、次のような仮説を立てたのであった。

（一）日本民族の始まりは三十万年くらい前で、その中核は他の星から地球上へ来た。そして、その頃から弟橘媛命のように人のためには即座に自分の命を投げ出すような情緒を持っていた。

（二）一万年くらい前には黄河の上流にいた。それから南下して中国本土に入ろうとするが妨げられて入れない。「雲にそびゆる高千穂の……」という歌はこの時黄河上流で負けて山から降りてきたところを歌ったものであろう。
（三）八千年くらい前にはペルシア湾あたりにいた。その頃、日本民族が（迦葉仏《かしょうぶつ》を通じて）教えたものが原始仏教になったのではないか。
（四）その後、ペルシア湾から海へ出でシンガポールを回って北上した。それが神武天皇東征の最後のコースに非常によく似ている。

二、日本民族の優秀性

潔は京都産業大学における「日本民族」の講義の中で次のように言っている。

　欧米人は非常に前頭葉を使います。前頭葉しか使わない。しかしその使い方は前頭葉に一切を任せるという使い方です。つまり前頭葉は前頭葉自身が主になって使うんです。前頭葉の自主的使い方ですね。これはしかし使うという言葉の本来の意味じゃありません。わたしがこれからしますのは、やはり前頭葉を使うんですけど、文字通り「前頭葉を操る」んです。西洋人は、西洋人というと欧米人ですが、欧米人は前頭葉を操るという使い方が出来ないらしい。前頭葉を非常に使うんだけど、つまり馬車馬式にしか使えないんですね。操るということは出来ないらしい。（『情緒の教育』より）

しかし、日本人は前頭葉を操ることができるというのである。そして、それを操るのが「情（心）」である。情あるが故に知が働き、その結果に従って意志が働くのである。さらに言えば、この「情」は人だけでなく、他の動物にも植物にも、そして大宇宙にも働いている。つまり大宇宙は一個の人格であり、それが自分なのである。そういうことを日本人（本来の日本人）はちゃんとわかっているのである。それが日本民族の優秀性である。

さらに、数学上の発見の仕方について西洋と日本との比較もしている。つまり西洋の発見の仕方は「インスピレーション型」であり、日本のそれは「情操型」である。そして、日本人には「情操型」の方が合っている（潔自身が最初は「インスピレーション型」だったが、境地が進むにしたがって「情操型」になっていったことはすでに述べてきた通りである）。

・

三、日本民族の分類について

潔は日本民族について『月影』の中で次のように分類している（ただこれは、潔が日本民族の典型とはどういうものであるかということについて述べているのであって、日本民族のすべてを網羅しようとしているのではない）。

第一群

・宇治の稚郎子

第一章で述べた人物である。

・ある禅師の母

子供が出家するに当たって、「修行が順調にいっている間は思い出さなくてもいいが、失敗してひとから後ろ指さされるようになったらいつでも帰っておいで」と言って送り出した母親が、それから三十年たって死の床についていた。それを知ったその子供は、その時にはもう立派な禅師になっていたが、飛んで帰った。するとその母親はうれしそうに、「私はこの三十年間、お前を思い出さない日は一日もなかった」と言った。

・ある無名女流歌人

満州事変と日支事変の間の頃、失恋の結果カルモチンを多量にのんで自殺した女流歌人がいた。彼女の最後の歌は、

大いなるこの寂けさや天地の時誤たず夜は明けにけり

というものであった。

・聖徳太子

この群の人たちは極めて深い「捨」の境地に到達している。潔はこの群の人たちを「白菊」にたとえている。

第二群

・道元禅師
・芭蕉
・良寛

いずれも特に説明を要しない人たちで、日本人の中でも最も日本人らしい人たちと言っていい。潔に言わせれば「黄菊」。

第三群
・楠木正成
・明治天皇
・東郷平八郎

これも特に説明を要しない人たちであるが、非常に威儀を正し、堂々とした人たちである。潔は「常緑樹」と言っている。

第四群
・弟橘媛命
第一章で述べた。
・楠木正行
四条畷の戦で出陣するに当たって、

返らじとかねておもへば梓弓なき数に入名をぞとどめる

という歌を残し、その後壮絶に散った。

・松浦さよ姫

夫が遣唐使になって石見の松浦潟を船出する時、小高い丘に上っていつまでもひれを振っていてついにそのまま石になったと言われる。

この群の人たちは、その散り際がきれいで華々しい。潔はこれらの人たちを「色とりどりの花」と言う。

第五群

・夏目漱石

・芥川龍之介

・寺田寅彦

潔は「広々とした緑野を思わせる」人たち、と言っている。

第六群

・北条時宗
・織田信長
・特攻隊

真我から小我を捨て去り、果敢に敵に挑んでいった人たち。潔は「そよ吹く風」と言う。

第七群

・尭、舜
・王陽明
・蘇軾
・大梅山法常禅師
・如浄禅師

・宏智禅師
・馬遠
・李迪
・石涛

これらは中国人であるが、日本的情緒を持った人たちである。

潔が京都産業大学でこのような人物たちについての講義をしたかどうかについてはわからないが、潔にとってこのような体系を作り上げたというのは非常に大事なことだったのである。

春雨の曲

さて、諄々と説くというやり方で警鐘を鳴らしを続けてきた潔であったが、『日本民族』を出版した頃から少し変わっていった。潔は警鐘を鳴らす代わりに、日本のことを真剣に心配する若者（年齢は若くなくても、その気持ちが若い人たち）を育て、それでなんとか日本を立て直していこうと考えたのである。それで、言ってみれば「市民大学講座」のような性格の講演を積極的にしていったのであった。そして、それが「葦牙会《あしかび》」というものに発展していった。

葦牙というのは葦の若芽のことである。『古事記』の冒頭に、

次に国稚く、浮かべる脂の如くして水母《くらげ》なす漂へる時に、葦牙のごと萌え騰る物に因りて成りませる神の名は、宇摩志阿斯訶備比古遅《うましあしかびひこじ》の神

という一節があるが、潔はこれを意識していたのではないかと思う。つまり、混沌とした沼のような所に葦牙が生えてくるように、この混沌とした日本の中に正しい考えを持った若者が次々に現われる。そして、それが萌えあがった時に春がやってくるのである。潔は京大で行なった講演にも「葦牙よ萌えあがれ」という演題をつけており、若者が育っていくのを「葦牙」という言葉に託したのであった。

ところが、この「葦牙会」は、本格的に組織化しようというところまでいったが、いつの間にか立ち消えになってしまった。潔が、

「そのような組織を作っても葦牙は萌えあがらない」

と考え直したからである。

潔はこう考えた。

日本は応神天皇以後、次々に外国の文化を無批判にとり入れ、その為何が何だかわからなくて、今、深海の底に沈んでいるようである。（『春雨の曲』より）

そして、今の日本の常識がもつれにもつれた糸巻のように、みな間違っているのだということを、実際にその糸を解きほぐすことによって分からせようとしたのである。そのためには心の世界を調べることが必要である、と。

潔は一九七一（昭和四十六）年頃から講演や執筆の依頼を断わってじっくりと心の世界の研究に専念し、大宇宙の実相を組織的かつ詳細に説く真理の書を著わそうと決心したのであった。書名は、芭蕉の、

春雨や蓬を伸ばす草の道

からとって『春雨の曲』とした。春雨が小止みなく降り続けるように説き続けようというのである。

その結果、潔が解明した心というもののありようは次のようなものであった。

人は古来、自然はじっとあるものとのみ思ってきた。しかし、素粒子論によると、自然の一半はあらわれてはまた直ぐ消えていってしまっている。（中略）かように、自然は完全に影像であるか、そうでなければ半影像（影像のようなもの）であって、ともかく存在ではない。（中略）自然が存在でないならば、存在は心のうちに求めなければならない。心全部が存在だとはいえないが、しかし心といわれるものの中に存在はあるに違いない。（中略）この心から外界の心――意識を通してわかる物質のような心――を除き去って、残った内心の心から次に知や意を除き去る。すなわち知の不透明さ、意の堅さを悉く除き去る。それでもなお、まだ生えない種のような無数の不純物が心の中に残る。そこで、大変手間はかかるが、これをも悉く除き去る。そうするとあとに残るのは全く混り気のない情である。これを真情とよぶことにする。この真情が心の中核である。

仏教哲学である唯識では、心を層に分かって説明している。心の一つの層を識といい、識の一番奥、一番基礎になっているものを第九識と数えてこれを真如といっている。その真如の上になっている第八識を阿頼耶識という。

このように仏教では第九識までしかいってないが、しかしそれではどうにも説明しきれない部分が色々出てきてしまう。それで、日本人の心をよく調べてみたのだが、第九識のもう一つ奥に、第十識「真情」という世界がある。

これがわかった時丁度、私の四番目の孫が生まれた。上三人はそうではなかったのだが、この四番目の孫は生まれた時から、だいたい私と同じ家に住んでいる。それで私は、孫の心の生い立ちを連続的に観察することが出来て、人の心の構造をハッキリ認識することが出来た。

人は生後三ヵ月間、真情の世界にいる。だから母の胎内にいた間も加算すると、一年一ヵ月真情の世界にいるわけである。この世界は外からみると懐しさと喜びの世界である。それから生後一年十一ヵ月まで、真如を通り、次に阿頼耶識を通り、生後二年五ヵ月で童心の季節の外に生まれる。(『大法輪』昭和四十八年七月号より)

潔は心の層を最終的には第十五識まで分類している(第七識はさらに上中下の三段階に分けられている)。そして解明は、さらに人はなぜ目を開ければ見えるのか、自分とは何か、人はよい子を産もうと思えばどうすればよいか等々にも及んでいくのであった。

春雨村塾

こうして「葦牙会」はなくなってしまったが、潔の説に共鳴し、さらに教えを請いたいと言って岡家を訪ねてくる若者たちが現われた。潔はそういう人たちを拒まず、自分の忌憚のない思いを語ったのであった。それが「春雨村塾《しゅんうそんじゅく》」の始まりであった。もちろん「春雨村塾」という建物があるわけではなく、場所は潔の自宅であり、その活動も潔の講話を聴くことであった(『情緒の教育』の中にある「嬰児に学ぶ」はその講話をまとめたものである)。潔は本当に自分の考えを理解してくれる者を求めていたのである。

そんな中に潔の家に泊まり込んで指導を受けていた者が二人いた。三上昭洋と竹内寿康である。彼らは言わば書生であった(潔の部屋の隣の六畳間に二人で寝泊まりしていた)。潔の話を聞いたり、言われた本を読んだりすることはもちろん、肩を揉んだり、出かける時にはお供をしたりしたのである。話を聞いたり本を読んだりすることは、住み込まなくてもできることだが、彼らにとって最も重要なのは、潔と「時を共有する」ということであった。

それがどういうことであるかを物語るエピソードがある。この頃潔を訪ねた若き数学者志賀弘典(現在は千葉大学教授)の体験談(それが『数学セミナー』に掲載された「天上の歌を聴いた日」である)がそれである。

この時、留学の心構えを聴きに行った志賀に対して、潔はその頃京都産業大学で学生に書かせていた作文を読めと命じたのであった。ところが、志賀が読み始めると、随所に潔の解説が入るのである。それは、志賀にとっては突然始まって気がつくと終わっている、という実にやっかいな解説であった。つまり潔はひとに作文の朗読をさせておきながら、

「はい、そこでちょっと止めて」

なんてことはまったく言わずに、突然コメントし始める。そして、自分の言いたいことを言い終わると、

「続きをお願いします」

なんてことは言わずに、ただ黙って続きが読まれるのを待つというやり方だったのである。これではうまく作文が読めるはずがない。志賀は戸惑いながら読んでいたが、途中から三上に交替させられてしまったのであった。

ところが、志賀に代わって朗読をした三上は、潔の解説が入る時にはもう朗読はやめており、解説が終わるとごく自然に朗読の続きを始めるのだった。それはまさしく「阿吽の呼吸」としか言いようがない情景であった。これが、「時を共有する」ということにほかならなかったのである。

ところでこの作文であるが、潔は学生から届けられる数千編にも及ぶ作文を一編一編て

いねいに読み、第七識下層から第十五識までに分類したのであった。その作文を見ると、表紙に潔の書き込みが残っている。例えば、ある作文には、

「100　第十五識　第十一識の確認　天上界のこころの一つの自覚　四月七日第三次精撰」

またある作文には、

「97　第十識　訂正　第十二識〈野菊の墓〉は第十一識、それがよくわかるのだから此の文の筆者は第十二識にいる　第十三識　1977・11・27（日）」

などと書かれている。

潔はこのように分類した各段階の中から代表的なものを選び出して風呂敷につつんであった。志賀が読まされたのはそれだったのである。おそらく潔は春雨村塾の者たちにも作文を読ませながら指導していたのだろう。三上が阿吽の呼吸で読むことが出来たのは当然のことだったのである。

一つ付け加えておくと、潔は彼らに話を聞くこと、本を読むこと以外にもう一つのことを命じていた。それは、子供と遊べということであった。子供と遊ぶことによって大事なことを学ばなければいけないと言うのである。これは、潔が常々言っていた、

「数学をやるのには童心の世界でしなければいけない」

ということと同じ意味なのであろう。

このようにして彼らは勉強しながら潔の身の回りの世話を死ぬまで見続けたのであった。

天上の歌

潔の『春雨の曲』にかける執念は凄まじかった。書き上げては反故にし、また書き直しては反故にするということが死ぬまでずっと続くのである。一九七五（昭和五十）年四月十日には第三稿が完成し、毎日新聞社に出版を依頼した（毎日新聞社がそれを受け入れたことは言うまでもない）。ところがその後まだ不充分であることに気づき、その依頼を取り下げた。そして、その年の十二月十六日に第五稿を完成し、再び毎日新聞社に依頼。しかしそれも書き直す必要を感じてキャンセル。さらに一九七七（昭和五十二）年二月二十三日には第七稿が完成して、三たび毎日新聞社に依頼した。今度こそはいけると毎日新聞社も潔自身も思った。ところが十月になって、ある学生の「歌に見る日本のこころ」という作文を読み返している時にハッと目が覚めたような気分になり、同時に第七稿が浮いて見えるようになった。その時出版のことがどこまで進んでいたかわからないが、潔はもう一度全く新しく書き直そうと思い立ってまたまた毎日新聞社にキャンセルの連絡をしたのであった。

昭和52年10月 9 日、
喜寿祝賀会の日の朝、妻ミチと。

第八稿は一九七八（昭和五十三）年一月十三日から書き始められた。しかし、その二か月後に潔はこの世を去ることになってしまい、ついに『春雨の曲』は完成しなかった。数学の研究同様、生きてバトンを渡すことはできなかったのである。
第八稿の構想は次のようなものであった。

春雨の曲
巻の一、人類の自覚

第一章　自然
第二章　こころ
第三章　私と彼女
第四章　私の旅路
第五章　孫の生い立ちの記
第六章　旅路の実例（これで終わりなのか、それともこの後第七章以後に続くのかは不明である）

潔は、この第八稿の中でこう言っている。

日本民族の旅路については、極く大体の荒筋しかまだ確認出来ていません。これを詳しく認識的に調べることは、人の「からだ」を身に着けたままでは無理です。だからこれは来世以後に於て詳しく調べます。そうすれば兎角論議の種になり勝ちな「日本歴史」もはっきりわかる筈です。

私が今書いている「春雨の曲」の稿は第八稿です。これに先立つ七つの原稿は書き上げては反故にし、書き上げては反故にしたのです。反故を作るために書き上げたようなものですが、そうすることによって、云わば足台を積み重ねることによって段々上の方に手が届くようにしていったのであって、認識的に大宇宙の実相を研究するには、私に対しては此の漸近法が一番よい方法だと思っています。（『春雨の曲』より）

しかし、なぜ『春雨の曲』はこれほど書き直されなければならなかったのだろうか。潔は、

「足台を積み重ねることによって段々上の方に手が届くようにしていった」

と言っているが、それなら第七稿まででかなり完成度は高くなっていたはずであり、第八

稿を全く新しく書き直すことにはならないだろう。

潔が何度も『春雨の曲』を書き直していったのは、潔自身の研究の進み方が並はずれて速く、その新たな境地からそれまでの稿を見た時あまりにも物足りなく感じられ、書き直さざるを得なかったからではないだろうか。

たとえば、心の世界の研究において、仏教は第九識までしか到達していないということを解明した潔は、それ以上の世界を探るために日本の心を調べて第十五識までの段階を作り上げたのだった。また潔は、『春宵十話』以来ずっと「大脳前頭葉」の重要性を説いてきた。そして、西欧人よりも日本人の方がその操り方が巧みである、と言って日本人の優秀性を主張してきた。ところが、一般の人たちに「前頭葉」の重要性が定着してきた頃になると、さらに進んで「後頭葉」、「頭頂葉」という言葉を使うようになるのである。これらについて潔は次のように言っている。

日本人や東洋人は頭頂葉から後頭葉、側頭葉を経て前頭葉へ行くという経路で心が流れている。前頭葉は外面的行為および意識的内面的行為をつかさどるものである。頭頂葉はこの前頭葉に命令をくだすものである。それが心の流れである（心の中枢は人体にあっては頭頂葉にある）。（『大法輪』昭和四十八年七月号より）

このように、潔の研究はものすごい速さで進んでいった。それは書くスピードが追いつかないほどだったのである。それが『春雨の曲』が何度も書き直された理由であると私は思う（このことは、心の世界の研究が数学の研究と違うということ、つまり心の世界が数学の世界とは異なるものであるということを物語っているのではないかとも思う）。

これはとてつもないことである。死を目前にしているのにもかかわらずものすごいスピードで研究が進んでいくのだから。これは「執念」という言葉だけでは言い尽くせないことであり、潔がけたはずれの天才であり、超人であったことを証明するものであると言えるのではないだろうか。しかし、その超人もついに倒れる時がやってくるのである。

一九七八（昭和五十三）年一月二日、潔は軽い心不全を起こし、十五分ほど意識不明の状態に陥った。悪い予感がした。潔はこれまでに一度生命の危険にさらされたことがあった。一九六五（昭和四十）年の十一月に血を吐いて倒れた時である。この時は胃の五分の四を切り取る手術で助かった。しかし、今度は心臓が止まってしまったのである。

だが、潔はまだ死ぬわけにはいかなかった。『春雨の曲』をもう一度一から書き直さなくてはならないのだ。そんな気持ちが力になったのか、潔は一時的に回復し、一月十日には京都産業大学の講義にも出かけて行った（これが潔の最後の講義となった）。また、一月十三日には『春雨の曲』の最終的な構想が固まり、第八稿の執筆も開始したのであった。

しかし、潔の体は確実に衰えていった。一月十九日にはもうペンを持つことができなくなり、口述筆記に切り替えざるを得なかったのである。潔の語ったことを記述したのは三上であり竹内であった。

体がどんどん衰える一番の原因は食事ができなくなったことであった。食べようとしても文字どおり喉を通らないのだ。家族の者が、

「お願いですから食べてください」

というと、

「それじゃあ食べるか。じゃあすき焼きだ」

と言うので、夜中にあわててすき焼きを作ったが、いざテーブルにつくとその匂いだけ嗅いで、

「うん、もうええ」

という具合であった。

食事をしなければ体力がなくなっていくのは明らかなことである。それで、医者であるすがねの夫・鯨岡が手配して看護婦に来てもらい、点滴を試みたが、もはや痩せ細ってしまった潔の腕の血管には栄養剤は入っていかなかった。

また、研究に没頭している時の特徴である「眠らないで考える」というやり方も潔の体を衰えさせた。しかし家族が、

「少しは眠らないと体に毒ですよ」

と言っても、潔は、

「バカもの！　眠るというのは天の造化が眠らせてくれるのであって、自分の意志で眠るのではない」

と言って眠ろうとはしなかったという。

それから間もなく、潔の容態が急変した。そして、今度は意識がもどることがなかった。三月一日未明、潔は七十六歳十か月の生涯を終え、静かに天上の世界に旅立っていったのであった。医者の診断によれば、死因は「老衰」（そして「栄養失調」）であった。

それからおよそ三か月後の五月二十六日、ミチもまたその七十四歳の生涯を閉じた。二年前に一度脳出血の発作を起こしていたが、二度目の発作が起き、今度は助からなかったのである。潔が死んだ後のミチは、がっくり来ている子供たちを逆に励ますような気丈なところを見せていたが、やはり夜などに自分一人きりになってしまった時の寂しさは相当こたえたようで、それが三か月後の脳出血の引き金になってしまったのであった。

このことからゴッホとテオの関係を思い出してしまうのは短絡的すぎるだろうか。ゴッ

ホの作品がある意味では二人の共同作業の結果であったように、潔の業績もまた潔とミチの共同作業であったと言っていいように思うのだが。

ミチは、何年か前に潔が、

「今度生まれ変わったらまた一緒になろうや」

と言った時、

「いやや、またあんな苦労するなんてまっぴらや」

と言って笑ったことがあったが、

「私はこの人と一緒になって本当によかったと思っている。もしそうでなかったら自分はどれだけ物欲のかたまりになっていたかわからない。一緒になったおかげで純粋な気持ちになることができた」

と言っていたという。

後を追ったミチはすぐに潔に追いつき、二人は天上で歌を奏でているのかもしれない。

◎岡潔　略年譜

一九〇一（明治三十四）年

四月十九日、大阪市東区島町（現在の中央区島町）に坂本寛治、八重の長男として誕生。父の意向により三月十九日生まれと届ける。「潔」という名前は、寛治の口癖だった「日本人が桜が好きなのはその散り際が潔いからだ」という言葉に由来したものであった。郷里は和歌山県伊都郡紀見村大字柱本小字紀見峠（現在の橋本市柱本）であったが、寛治は予備役陸軍少尉であり、日露戦争をひかえて大阪の歩兵第四師団に勤務していた。潔は、昼間は寛治の部下につれられて大阪城の馬場に行き、騎兵の馬駆けを見た。そして、夜は父に軍歌を歌いながら寝かしつけてもらった。

一九〇四（明治三十七）年　三歳

五月、日露戦争が始まり、寛治が出征する。それに伴って八重と潔は紀見峠の実家に身を寄せることになる。実家には祖父・文一郎がおり、「他人《ひと》を先にして自分をあとにせよ」という戒律を潔に与え、それを遠くから見守った。九月九日、妹・泰子誕生。

一九〇五（明治三十八）年　四歳

日露戦争が終わり、年末に寛治が帰還した（終戦もあったが、戦地で赤痢に罹ったというのも理由の一つだったようである）。

一九〇七（明治四十）年　六歳

四月、柱本尋常小学校に入学。三月生まれと届けたために本来よりも一年早く入学することになった。もちろんそれが寛治の狙いであった。田舎の学校で一、二年生が一緒に勉強するという形態だったが、潔は二年生の内容まで理解できていた。

一九〇八（明治四十一）年　七歳

寛治が保険の外交を始めるために大阪市北区壺屋町に転居する。それに伴って潔は菅南尋常小学校に転校した（二年生の二学期から）。この学校は、もう一つの小学校よりも風紀がいいということであったが、転校生であるためにいじめにもあった。特に潔が最初標準語を使ったために「江戸っ子」というあだ名をつけられ、そう呼ばれる度にけんかになった。この頃『幼年画報』という雑誌をとってもらっていた。

一九〇九（明治四十二）年　八歳
三年生。とってもらう雑誌が『日本少年』に変わる。毎月『日本少年』が来るのが待ち遠しくてしょうがなかった。またこの頃『お伽花籠』の中の「魔法の森」という物語に魅せられる。

一九一一（明治四十四）年　十歳
四年生から五年生になる時に、芦屋市打出に転居。学校は変わらず、阪神電車で通う。学業成績が急に良くなったが、あまりそれには興味がなく、『日本少年』と昆虫採集に熱中した。箕面に蝶をとりに行き、帰りに先輩の家に寄って夜遅く帰宅して保護願いを出されたことがあった。

一九一二（明治四十五・大正元）年　十一歳
祖父・文一郎が発病、寛治が岡家の跡を取ることになり、紀見峠に帰る。それに伴って、潔は六年生になる時に再び柱本小学校に転校した。また、この時から潔の姓は「坂本」から「岡」に変わった。転校してからは、ますます蝶の採集に熱中した。また、夏休みの終わり頃足に大怪我をして、二学期のほとんどを休むことになった。学業成績は良かったが、算術が特に良くできたというわけではなかった。

一九一三（大正二）年　十二歳

三月、柱本小学校卒業。和歌山県立粉河中学校の入試を受けるが不合格。翌年を期して四月、紀見尋常高等小学校の高等科に進んだ。本人には悲壮感はまったくなく、『三国志』、『水滸伝』などの分厚い本を読みあさったり、蝶の採集をしたりして過ごした。ただ、この一年間で大いに暗記力がつき、それが二度目の入試に大きくプラスになった。

一九一四（大正三）年　十三歳

四月、粉河中学校に入学。二度目の入試は試験の形式に慣れたことと暗記力のおかげで楽々合格することができた。入学と同時に寄宿舎に入る。勉強は試験前しかやらないし、雑誌などをとることができないので暇を持てあまし気味だったが、その分テニスに熱中した。数学にはまだ気持ちが向いていかなかった。

一九一六（大正五）年　十五歳

脚気になって実家に帰り、暇にまかせて読み始めた『数理釈義』に夢中になる。特に、その中にあった「クリフォードの定理」の神秘性に完全に魅了されてしまい、二か月間ずっとその図を描き続けた。これが数学というものに目を向ける初めての経験であった。

一九一八（大正七）年　十七歳

三月十七日、祖父・文一郎死去（七十二歳）。「ニュートンの定理」を知り、数学をやらなければいられないようになる。しかし、この頃は将来数学で飯を食うというような自信はまったくなかった（寛治の希望も工科進学であった）。

一九一九（大正八）年　十八歳

三月、粉河中学校卒業。卒業後、入学試験の勉強を始め、七月に第三高等学校を受験、理科甲類に合格、九月入学。同期生に秋月康夫、小川鼎三らがいた。

一九二一（大正十）年　二十歳

二年生の三学期に杉谷岩彦の講義の中で「五次方程式は代数的には解けない」というアーベルの定理を知り、ますます数学に気持ちが向く。また、ポアンカレの『科学と方法』で数学上の発見のことを読み、異常な関心を持つ。そのうちに、アインシュタイン・ブームが起き、甲類から物理学科に進むという者が何人か現われる。潔もそれに便乗して物理学科への進学を決意する。

一九二二（大正十一）年　二十一歳

三月、三高卒業。四月、京都帝国大学理学部物理学科入学。しかし、物理学科の講義はどうも肌に合わない。

一九二三（大正十二）年　二十二歳

一年生の学年末試験の時、安田亮講師の「不変式論」の時間に「発見の鋭い喜び」を味わい、数学科への転科を決意、四月から転科した。それから一日一日と眼が開いていくような思いで講義を聴いた。

一九二四（大正十三）年　二十三歳

ある日、食堂で同級生と議論中「ぼくは計算も論理もない数学をやりたい」と言い、みんなに冷やかされる。

一九二五（大正十四）年　二十四歳

三月、京大卒業。卒業と同時に理学部の講師となる。四月一日、小山ミチと結婚。しかし、睡眠薬中毒に陥り、医者のすすめによって睡眠薬はやめたものの、その後遺症は二年ほど続く。

一九二七（昭和二）年　二十六歳
四月から三高の講師も兼ねる。睡眠薬中毒の後遺症から脱し、猛然と数学の研究を始める。しかし、目標をどこに設定したらいいのか、さっぱりわからなかった。

一九二八（昭和三）年　二十七歳
この頃、いくつか小さい発見をするが、発表するに至らない。このまま日本にいても何も問題（目標）は見つからないと思い、留学を希望するようになる。

一九二九（昭和四）年　二十八歳
四月、助教授に昇格する。文部省の給費生としてフランスに留学、当初の予定は二年間であった。フランスでパリ大学ポアンカレ研究所に通う。一応ジュリアに師事するということになっていたが、図書館に通って目標を捜した。薩摩会館に住み、そこで中谷宇吉郎、中谷治宇二郎の兄弟と知り合う。

一九三〇（昭和五）年　二十九歳
妻ミチが二月に合流する。潔はマルセイユ港にミチを迎えに行き、しばらく新婚のような気分を味わう。その後、治宇二郎とともにサン・ジェルマン・アンレーの下宿に移る。ここで、潔は発見をしている（後にその梗概だけ発表する）。

一九三一（昭和六）年　三十歳

治宇二郎ともっと一緒にいたいために留学期間を一年延長する。しかし、治宇二郎は肺を患い、ローザンヌのサナトリウムに入る。そして、そこを出た後、三人はレマン湖畔の別荘で一緒に暮らすが、こんどは治宇二郎は脊椎カリエスになり、帰国を余儀なくされることになる。研究の面では、小さな発見もあったが、最も大きなことは生涯をかけて研究する目標を定めたことであった。

一九三二（昭和七）年　三十一歳

三月、広島文理科大学助教授となる。五月、留学を終え、ミチ、治宇二郎と一緒に帰国。治宇二郎はそのまま湯布院の伯父の所へ療養に向かう。七月二十一日、長女すがね誕生。夏休み、湯布院の治宇二郎を訪ね、学問の理想や抱負について話し合う。

一九三三（昭和八）年　三十二歳

研究テーマは決まっているもののその糸口がつかめず、苦しむ。講義に身が入らず、学生からボイコットされたこともあった。夏休みに湯布院の治宇二郎を訪れることだけが唯一の楽しみであった。

一九三四（昭和九）年　三十三歳

夏休み、いつも通り湯布院の治宇二郎を訪ねるが、途中ですがねが急病になり、急いで帰宅する。これが治宇二郎との永遠の別れとなった。年末にベンケ＝トゥルレンの『多変数解析函数論について』という本を入手する。これが研究を大きく進ませる道につながっていく。

一九三五（昭和十）年　三十四歳

一月二日からベンケ＝トゥルレンの本を読み始め、約二か月で問題点を整理することができた。その結果、まず「クザンの問題」に取り組み始めた。夏休みは北海道帝国大学の中谷宇吉郎の招きに応じて札幌に家族ぐるみで出かけた。そして、もうすぐ帰宅するという九月二日の朝、突然大きな発見があった（これが第一から第五までの論文の元となる）。

一九三六（昭和十一）年　三十五歳

二月二十一日、長男熙哉誕生。三月、治宇二郎死去。五月、第一論文を『広島大学理科紀要』に発表する。二つ目の問題に取り組むが、手がかりがつかめず、芭蕉の俳句や連句、道元の『正法眼蔵』などを本格的に調べ始める。

一九三七（昭和十二）年　三十六歳
七月、日中戦争が始まる。多くの若者が優秀な方から順に死んでいくことを憂う。

一九三八（昭和十三）年　三十七歳
一月、広島文理科大学を休職する（理由は病気のため）。五月、郷里に帰る。夏、台風で荒れ狂う鳴門海峡を船で渡ろうと大阪から船に乗るが台風はそれ、静かな海を眺めて帰ってきた。

一九三九（昭和十四）年　三十八歳
四月一日、父・寛治死去（六十七歳）。六月、妻や子供をつれてホタルをとったり放したりするような生活をしているうちに第二の発見がある（これが第六の論文の元となる）。

一九四〇（昭和十五）年　三十九歳
六月、広島文理科大学を退職する。十月、京都帝国大学から理学博士号を受ける。三番目の問題に取り組む。

一九四一（昭和十六）年　四十歳

八月十三日、次女さおり誕生。十月、北海道帝国大学理学部から「研究補助」という役職を嘱託、単身で札幌に赴任する。十二月八日、太平洋戦争開戦。もはや日本は滅びたと思い、開戦直前に書き上げた第六論文の最後に「Ｆｉｎ」と書く。そして、八千万の日本国民と共に死ぬ覚悟を決め、数学の研究に没頭する。

一九四二（昭和十七）年　四十一歳

十一月、北海道帝国大学を辞し、帰郷。

一九四四（昭和十九）年　四十三歳

七月十二日、母・八重死去（八十歳）。

一九四五（昭和二十）年　四十四歳

八月十五日、終戦。それまで「死なばもろとも」と言い合っていたはずの同胞が、戦争が終わった途端に食糧の奪い合いを始めるのを見て、生きるに生きられず、死ぬに死ねないという気持ちになる。そして、数学の研究の中に閉じこもってばかりはいられなくなった。

一九四六（昭和二十一）年　四十五歳
六月、ミチの姉の紹介で光明主義に入る。八月、第三の発見がある。この発見はそれまでのものと違って「情操型」の発見であった（それまでのものは「インスピレーション型」）。九月、それまでよくわからなかった『正法眼蔵』がすらすらわかるようになる。

一九四七（昭和二十二）年　四十六歳
四月十八日、高木貞治に宛てて手紙を出す。

一九四八（昭和二十三）年　四十七歳
第七論文がフランスの学術誌『Bulletin de la Société Mathématique de France』に受理される（掲載されたのは一九五〇年）。

一九四九（昭和二十四）年　四十八歳
七月、奈良女子大学教授に就任する。初めて女性を教えるという経験をすることによって、教育とは何かということを考えるようになる。

一九五一（昭和二十六）年　五十歳

三月、第八論文を発表する。四月、奈良市法蓮佐保田町に転居。五月、日本学士院賞受賞。

一九五三（昭和二十八）年　五十二歳
十月、第九論文を発表する。これにより、一九〇六年に発見されたハルトッグスの定理の逆がおよそ五十年ぶりに証明されたのである。そういう意味ではこの一九五三年というのは記念すべき年である。

一九五四（昭和二十九）年　五十三歳
一月、朝日文化賞を受賞。四月、京都大学理学部の非常勤講師を兼ねる。

一九六〇（昭和三十五）年　五十九歳
十一月三日、文化勲章を受章する。その伝達式のために上京し、秋月康夫、小川鼎三、吉川英治らに会う。

一九六一（昭和三十六）年　六十歳
一月、橋本市名誉市民に推される。論文集『SUR LES FONCTIONS ANALYTIQUES DE PLUSIEURS VARIABLES par KIYOSHI OKA』刊行。

一九六二（昭和三十七）年　六十一歳

四月、随想「春宵十話」を毎日新聞に連載。これが、教育問題に対する警鐘の鳴らし初めとなり、執筆、講演の依頼が各地より来るようになる。九月、第十論文を発表する。

一九六三（昭和三十八）年　六十二歳

一月犬と一緒にジャンプした写真が『週刊朝日』に掲載される。二月、『春宵十話』刊行（昭和三十八年度の毎日出版文化賞を受賞する）。

一九六四（昭和三十九）年　六十三歳

三月、奈良女子大学教授を定年のため退職。同時に京都大学非常勤講師も退職。四月、奈良女子大学名誉教授および非常勤講師となる。四月、『風蘭』刊行。六月、『紫の火花』刊行。八月、胃潰瘍と診断され、注射と服薬で治療し、年内には一応回復する。その代わり、ずっと頭をつかわなかったので、「頭の冬眠状態」になってしまう。

一九六五（昭和四十）年　六十四歳

六月、『春風夏雨』刊行。十月、『対話　人間の建設』刊行。十一月、血を吐いて倒れる。胃潰瘍がひどく、胃の五分の四を切り取るという大手術をする。多くの人から献血をしてもらい、手術は成功、一命をとりとめる。十二月、「私の履歴書」を日本経済新聞に連載。

一九六六（昭和四十一）年　六十五歳

一月、二か月ぶりに退院する。しかし、体は回復したが強度の「頭の冬眠状態」に陥り、九州の画家・坂本繁二郎を訪ねてようやく回復する。四月、『月影』刊行。八月、奈良市高畑町に転居。十月、『春の草　私の生い立ち』刊行。

一九六七（昭和四十二）年　六十六歳

三月、『春の雲』刊行。七月、『私の履歴書』、『日本のこころ』刊行。

一九六八（昭和四十三）年　六十七歳

三月、『心の対話』、『一葉舟』刊行。六月、『昭和への遺書　敗るるもまたよき国へ』刊行。十一月、奈良市名誉市民に推される。『心といのち　わが人生観』刊行。十二月、『日本民族』刊行。

一九六九（昭和四十四）年　六十八歳
二月、『岡潔集』刊行開始（六月完結）。四月、京都産業大学教授となり、「日本民族」（教養科目）を講義する。五月、『葦牙よ萌えあがれ』刊行。六月、『曙』刊行。十月、『神々の花園』刊行。

一九七一（昭和四十六）年　七十歳
講演を減らし、「心の世界」の研究に専念する。そして、それを『春雨の曲』の表題で執筆を始める。

一九七三（昭和四八）年　七十二歳
十一月三日、勲一等瑞宝章を受章する。

一九七五（昭和五十）年　七十四歳
学年末に送られてくる学生の自由作文を人の心の種々相を知るための資料として詳細に調べ始める。四月、『春雨の曲』第三稿完成。毎日新聞社に出版を依頼するが、後にまだ不十分であることに気づいてその依頼を取り下げる。十二月、『春雨の曲』の第五稿完成。再び毎日新聞社に出版を依頼するが、また取り下げる。

一九七六（昭和五十一）年　七十五歳
二月、『春雨の曲』第七稿完成。三たび毎日新聞社に出版を依頼。しかし、十月、三たびその依頼を取り下げる。

一九七七（昭和五十二）年　七十六歳
十月九日、喜寿祝賀会。

一九七八（昭和五十三）年
一月二日、軽い心不全を起こし、以後身体が衰え始める。一月十日、京都産業大学において最終講義をする。その後『春雨の曲』の第八稿を書き始めるが、ペンが執れなくなり、口述筆記にて稿を進める。しかし、それも及ばず、三月一日未明、老衰のため死去（七十六歳十か月）。五月二十六日、妻ミチ死去（七十四歳）。

『春宵十話』毎日新聞社／『風蘭』講談社現代新書／『紫の火花』朝日新聞社／『春風夏雨』毎日新聞社／『対話　人間の建設』新潮社（小林秀雄との対談）／『月影』講談社現代新書／『日本のこころ』日本図書センター／『日本民族』月刊ペン社／『岡潔集』（全５巻）学習研究社／『葦牙よ萌えあがれ』心情圏社／『情緒の教育』燈影舎／『情緒と創造』講談社／『リーマン　人と業績』（D・ラウグヴィッツ著　山本敦之訳）シュプリンガー・フェアラーク東京／『数学の歴史』（近藤洋逸編）毎日新聞社／『近世数学史談　３版』（高木貞治著）共立全書／『幾何学つれづれ草』（秋山武太郎著）高岡書店／『幾何のおもしろさ』（小平邦彦著）岩波書店　数学入門シリーズ７／『私の数学勉強法』（吉田洋一・矢野健太郎編）ダイヤモンド社／『幾何学』（清宮俊雄著）科学新興社　モノグラフ15／『新版　水道方式入門　整数編』（遠山啓・銀林浩編）国土社／『改訳科学と方法』（ポアンカレ著　吉田洋一訳）岩波文庫／『正法眼蔵』（道元著　水野弥穂子校注）岩波文庫／『論集　日本仏教史　第９巻　大正・昭和時代』雄山閣出版／『芭蕉俳句集』（中村俊定校注）岩波文庫／『数学セミナー』昭和54年１月号、２月号　日本評論社／『数学』第15巻　岩波書店／『大法輪』昭和38年11月号、39年２月号、48年７月号　大法輪閣／『岩波　数学辞典　第２版』（日本数学会編）岩波書店／『数学小辞典』（矢野健太郎編）共立出版／『岩波　仏教辞典』（中村元・福永光司・田村芳朗・今野達編）岩波書店

●参考文献

あとがき

岡先生の文章を初めて読んだのは大学で数学を学んでいる頃だった。確か、『春宵十話』だったと思うが、数学上の発見についての記述と、西洋の文化より も日本の文化の方が高いんだ、という言葉が強く印象に残った。しかし、それか ら間もなく岡先生は亡くなられてしまった。

その後、大学を卒業した私は静岡で教職の道を歩み始めたわけだが、岡先生の 何冊かの著書はもちろん、亡くなられた時に『数学セミナー』などの雑誌に掲載 された追悼の記事などはコピーして常に手元に置いておき、しょっちゅう読み返 してきた。

学級崩壊など、教育の荒廃が叫ばれてからもう何年がたつのだろうか。今の日 本の状況は、かつて岡先生が危惧しておられた通りになっているように思えてな らない。いや、岡先生の心配をはるかに上回る惨状と言うべきかもしれない。 我々はもう一度岡先生の鳴らした警鐘を思い出さなければならないのではないだ ろうか。そして、日本の窮状を救わなければいけないのではないだろうか。

書き終わった今、岡先生の奏でた「天上の歌」をどれだけ読者に伝えることができたか不安である。しかし、この本をたたき台にしてもっともっとすばらしい「岡潔伝」を誰かが書いてくれればそれでいいのではないか、と気楽に考えることにした。岡先生が亡くなられて二十五年になろうとしている現在でも、多変数函数論において岡先生の跡を継ぐ人は世界中を見渡してもいないようである。そして、心の世界の研究においても岡先生の高みには誰も近づいていないように思われる。しかし、いつの日にか必ずこの両方の面において後継者が現われると信じて、私はこの本を世に送り出すことにしたい。

執筆にあたり、岡熙哉さん、鯨岡すがねさん、松原さおりさんには本当にお世話になった。また、千葉大学教授の志賀弘典先生にも貴重なお話を聞かせていただいた。この方たちのご協力がなければこの本はできあがらなかっただろう。最後になるが、この本の出版にあたって新泉社の石垣雅設社長、西村祐紘氏には何から何までお世話になった。この場を借りてお礼を言いたいと思う。

平成十五年一月三十日

帯金充利

帯金充利（おびがね・みつとし）
一九五六年、静岡県に生まれる
一九八〇年、東京理科大学理学部数学科卒業
卒業と同時に静岡県で高校教諭となる
現在、静岡県立伊豆中央高等学校教諭

著書
『新美南吉紹介』（三一書房、二〇〇一年）
『再来——山本玄峰伝』（大法輪閣、二〇〇二年）
『It is possible.——日本ハンドボールが輝く日』（叢文社、二〇〇三年）
『オヤジのためのクラシック音楽入門』（新泉社、二〇〇四年）
『幕末会津藩主　松平容保』（叢文社、二〇〇六年）

天上の歌

岡潔の生涯

2003年3月1日　第1刷発行
2011年5月1日　第3刷発行

著者　帯金充利
発行所　株式会社　新泉社
東京都文京区本郷2-5-12
振替　00170-4-160936番
phone 03-3815-1662
fax 03-3815-1422
印刷　太平印刷社
製本　榎本製本

ISBN978-4-7877-0306-4　C0095